짜증·불안·스트레스가 놀랄 만큼 **가벼워지는**

스트레스 트레이닝

STRESS TRAINING

IRAIRA, FUAN, SUTORESU GA ODOROKUHODO KARUKUNARU HON

YOSHIHITO NAITO 2023

Originally published in Japan in 2023 by ASUKA PUBLISHING INC.,TOKYO.

Korean Characters translation rights arranged with ASUKA PUBLISHING INC.,TOKYO,

through TOHAN CORPORATION, TOKYO and Danny Hong Agency, SEOUL.

짜증·불안·스트레스가 놀랄 만큼 가벼워지는

스트레스 트레이닝
STRESS TRAINING

나이토 요시히토 지음 | 전경아 옮김

미래타임즈

독자 여러분은 지금 이 책을 어떤 마음으로 읽고 있나요?

'정말 이대로 괜찮은 걸까, 미래가 왠지 불안하다.

생각대로 되지 않는 일이 많아 초조하다.

사람들이 자꾸 신경 쓰이는 말을 해서 마음이 영 개운하지가 않다……'

마음에 짚이는 데가 있지 않나요?

우리는 혼자 사는 게 아니라서 매일 쏟아지는 스트레스에서 벗어날 수가 없습니다. 가족이 던지는 무심한 말, 직장에서의 인간관계, 친구들과 주고받는 귀찮고 무의미한 잡담, 전철이나 거리에서 당하는 불쾌한 일, 터무니없는 뉴스와 사건 등등……. 그렇습니다. 우리가 사는 현대사회는 스트레스를 일으키는 '요인'으로 가득 차 있습니다.

그래서 조금이라도 방심하면, 금세 마음이 무너지고 상처받는 일이 드물지 않습니다. 그런데도 불안, 불만, 초조함, 스트레스를 올바로 이해할 기회가 거의 없습니다. 스트레스 해소 기술을 연마하려고 해도 주변에 이를 알려주는 사람이 드문 게 사실입니다.

자기 자신을 지킬 어떤 대비책 없이 스트레스를 받아야 하는 사회에서 살아남기 위해 무작정 노력하는 것은 마치 수영하는 방법도 모르면서 바다나 강으로 뛰어들어 헤엄치는 것과 비슷합니다. 그건 현명한 방법이 아니지요. 실제로 많은 현대인이 어떤 준비도 하지 않은 채 스트레스 사회에서 살아남기 위해 발버둥 치고 있습니다.

제가 몸담은 심리학의 세계에서는 사람들이 안고 있는 고민이나 스트레스에 관해 다양한 연구가 이루어지고 있습니다. 사람의 심리를 해명하고, 살기 좋은 나날을 만들 방법을 찾기 위해 수많은 실험이 행해지고 있으며, 실행하기 쉬운 기술이나 방법론이 적용된 지적 성취도 적지 않습니다.

심리학 지식을 바탕으로 독자 여러분의 고민과 스트레스를 가볍게 하는 방법을 소개하고자 합니다. 대처법만 알면 스트레스는 전혀 무서운 것이 아닙니다. 이 책을 읽고 나면 스트레스의 작동 원리를 정확히 이해할 수 있고, 스트레스를 쉽게 해소할 수 있을 것입니다.

어떻게 그리 단언할 수 있냐고요? 이 책에서 소개하는 지식이나 기술은 과학적인 연구로 '효과가 있다'고 증명된 것들이기 때문입니다. 정확한 실험으로 밝혀진 방법만을 소개할 테니 부디 안심하고 실천해보기 바랍니다.

'그렇구나, 그래서 내가 쉽게 스트레스를 받는구나.'
'이렇게 하면 스트레스 없는 삶을 살 수 있겠다.'
'아, 이 방법이라면 나도 할 수 있을 것 같아.'

이렇게 느끼신다면 작가로서 더할 나위 없이 기쁠 것입니다. 스트레스를 받지 않고 살아갈 수는 없지만, 그 해소법을 제대로 익히면 스트레스를 불필요하게 두려워하는 일도 없을 것입니다.
그럼 끝까지 잘 부탁드립니다.

2장

마음의 피로를 지금 바로 지운다

3장

사람들과 어울리며 소모되지 않는다

4장

스트레스 없는 하루하루를 만들어간다

5장

부정적인 자신을 업데이트한다

6장

언제나 자기답게 있기 위해서

1장

생각 하나만 바뀌면
마음이 한결 편안해진다

스트레스를 받는 것이
'마음을 트레이닝'한다

스트레스를 받는 생활과 스트레스를 받지 않는 생활 중, 어느 쪽이 더 나을까요?

"그야 당연히 스트레스가 없는 쪽이지!"라고 보통 생각하겠지요. 하지만 스트레스 받는 상황을 피하지 말고, 자진해서 스트레스를 받아보는 것도 절대 나쁘지 않습니다. 왜냐하면 적당히 스트레스를 받아야 스트레스 '내성'이 생기기 때문입니다.

캘리포니아대학 로스앤젤레스 캠퍼스의 라리사 둘리(Larissa Dooley)는 지난 6년 동안, 초기 유방암 진단을 받은 122명의 여성에게 암 때문에 얼마나 많은 불안과 고민을 느끼는지 물어보았습니다. 또 인생에서 가정, 학업, 일, 금전, 연애 등으로 얼마나 스트레스를 받았는지도 물었습니다. 그러자 인생의 고비에서 적당히 스트레스를 받은 사람일수록, 스트레스에 대한 내성이 높아서 유방암에 걸려도 크게 걱정하지 않는다는 사실을 알게 됐습니다.

적당한 스트레스는 결코 나쁜 게 아닙니다. 특히 젊은 시절에는 스트레스를 피하지 않고 온전히 겪어보는 것도 좋습니다.

스트레스를 피하기만 하면 영영 내성이 생기지 않습니다. 백신 접종을 받듯 경미한 스트레스를 받으면, 이후에 더 강한 스트레스가 찾아와도 견딜 수 있습니다. 인생을 살면서 실패를 경험해야 실패에 익숙해져서 크게 좌절하지 않습니다. 젊은 시절에는 실패를 많이 맛볼수록 좋습니다.

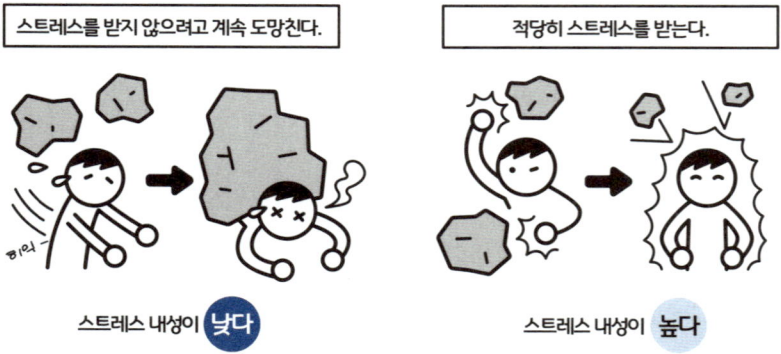

스트레스에 내성이 생긴다

스트레스를 받지 않으려고 계속 도망친다.　　적당히 스트레스를 받는다.

스트레스 내성이 **낮다**　　　　스트레스 내성이 **높다**

스포츠 선수는 몸에 부담을 주는 고강도 트레이닝을 해서 근육 섬유를 파괴합니다. 일부러 몸에 무리를 주는 것입니다. 파괴된 근육 조직이 재생되면, 이전보다 더 강한 상태로 거듭납니다. 원래 근육보다 강해진다고 해서 이 현상을 '초회복'이라고 합니다.

적당한 스트레스를 경험하는 것은 근육을 단련하는 것과 같습니다. 약한 스트레스를 여러 번 이겨내면, 큰 스트레스를 받았을 때 모기에 물렸나 싶을 정도로 가볍게 넘길 수 있습니다. 스트레스받지 않고 평생 살 수 있으면 좋겠지만, 현실에서는 불가능한 일입니다. 그렇다면 일찍부터 스트레스 내성을 높여놓는 편이 좋겠지요.

상상하기도
싫은 것

만약에 교통사고를 당해서 척추가 손상된다면, 독자 여러분은 어떤 기분이 들까요? 평생 휠체어를 타야 할지도 모른다는 생각에 몹시 괴롭고 슬플 것 같지 않나요?

실제로 척추 손상 환자에게 물어보니, 독자 여러분이 생각하는 것처럼 꼭 그렇지만은 않다는 사실이 밝혀졌습니다. 미국 콜로라도주 잉글우드에 있는 신경 재활 전문병원인 크레이그 병원의 케니스 거하트(Kenneth Gerhart)는 응급병동 간호사와 의료 관계자 153명에게 척추에 손상을 입어도 '살아서 다행이다'라고 생각할 수 있는지 물었습니다. 질문에 긍정적으로 대답한 사람은 18퍼센트에 불과했습니다.

그런데 실제로 사고를 당한 환자에게 똑같이 물었더니, 무려 92퍼

고민의 크기는 생각에 따라 달라진다

'그렇게 되면 어떡하지'라고 생각한다.

'별일 아닐 거야'라고 생각한다.

센트가 '살아서 다행이다'라고 대답했습니다. 물론 사고를 당한 건 불행한 일이지만 당사자 중에는 현실을 비관하지 않고 오히려 살아서 다행이라고 기뻐하는 사람이 훨씬 많습니다.

불안이나 걱정거리 대부분이 그렇듯이, 불안해하던 일이 실제로 일어나도 '애개, 이런 거였어' 하고 넘어갈 때가 더 많습니다. 우리는 걱정거리를 멋대로 크게 부풀리는 경향이 있는데, 막상 그 일이 일어나도 별일 아니어서 맥이 풀릴 때도 있었을 겁니다.

파견사원이나 계약사원으로 일하며 '언제 계약이 끝날지 몰라'서 마음을 졸인다면, 그 사람은 일자리를 잃는 것에 큰 불안을 느낀다는 뜻이겠지요. 실제로 계약이 끝나도 '애개, 고작 이런 거였어'라고 생각할 수 있습니다. 실업자가 됐다고 해서 당장 굶어 죽는 것도 아니고, 새로운 직장을 찾으면 됩니다. 겁먹을 필요가 전혀 없습니다. 오히려 끔찍한 직장에서 벗어나서 다행일 수도 있습니다.

중요한 것은 스스로 고민을 크게 만들지 않는 것입니다. 'OO가 일어나면 어떡하지?'라고 생각하지 말고 'OO가 일어나도 실제로는 별거 아닐 거야'라고 의연하게 넘깁시다. 그래야 공연히 겁먹지 않고 가벼운 마음으로 살아갈 수 있습니다.

설사 불행한 일이 일어난다 해도 죽지 않는다면 뭐가 두렵겠습니까?

스트레스를
예상한다

인생은 고난의 연속입니다. 가끔은 기쁜 일도 생기지만 우리의 삶은 기본적으로 힘든 일, 괴로운 일이 훨씬 많습니다. 그렇다면 '인생은 뜻대로 되지 않는 고생길'이란 것을 미리 마음에 새겨두면 좋겠지요. 그래야 안 좋은 일이 일어나도 '역시 그럴 줄 알았어'라며 가볍게 넘길 수 있으니까요.

듀크대학의 앤드루 카턴(Andrew Carton)은 먼저 예상하면 스트레스받는 일이 일어나도 그리 힘들게 느끼지 않는다는 사실을 실험으로 확인했습니다. 카턴은 대학생 70명에게 주어진 글을 읽고 'a'로 시작하는 단어만 세어보라고 했습니다. 아주 따분하고 지겨운 작업이었습니다. 스트레스를 주려고 일부러 그런 일을 시킨 것입니다. 또 작업 중에 감독자가 이래저래 말을 걸어 작업을 방해했습니다. 스트레스 지수를 더욱 높이려고 조작한 것입니다.

한편, 카턴은 작업을 시작하기 전 실험자의 절반이 속한 그룹에 "가끔 감독자가 작업을 방해할 겁니다" 하고 스트레스를 받을 거라고 언질을 주었습니다. 나머지 절반에게는 그런 설명을 하지 않았습니다.

그러자 스트레스를 받을 거라고 미리 일러둔 그룹에서는 작업을 방해받아도 크게 부정적 영향을 받지 않았고 작업량도 떨어지지 않았습니다. 스트레스받는다는 것을 미리 알고 있으면, 우리는 스트레스를 받아도 견딜 수 있습니다.

조금 다른 이야기지만, 결혼을 앞둔 사람들은 결혼 생활에 달콤한 기대는 하지 않는 편이 좋습니다. 그보다 부부싸움을 한다거나 육아로 고생하는 등 가시밭길이 기다리고 있을 거라고 예상하는 편이 좋겠지요. 그래야 결혼생활에 환멸을 느끼지 않을 테니까요.

결혼에 달콤한 기대를 하면 현실에서는 괴로운 일이 더 많아서 '속았다!', '이제 다 싫어!'라고 분통을 터트리게 됩니다. 달콤한 기대를 할수록 실제 결혼생활에 더욱 크게 환멸을 느낄 것입니다.

장차 사회에 나가려는 사람에게도 같은 조언을 할 수 있습니다. 어떤 일도 그렇지만 힘든 일, 슬픈 일은 얼마든지 일어납니다. 사회란 원래 그렇습니다. 괜히 달콤한 기대를 했다가는 실망만 하다가 바로 회사를 그만두고 싶어질지도 모르니 주의하기 바랍니다. '일은 원래 고단하다'라고 생각해야 내성이 생겨서 그럭저럭 살아낼 수 있습니다.

자기에게
최면을 건다

"아픔아, 아픔아, 날아가라!"

아이를 키우는 어머니가 일상에서 자주 하는 말입니다. 어린아이가 밖에서 뛰어다니다가 넘어져서 무릎에서 피가 난다고 합시다. 놀란 아이는 큰 소리로 울지만, 엄마가 이 주문을 외우면 아이는 순식간에 울음을 그치고 태연하게 다시 힘차게 달립니다.

통증은 신체적인 반응이기도 하지만 심리적인 반응이기도 합니다. 본인이 '아프지 않다'고 믿을 수 있다면 그것은 더 이상 '아프지 않다'는 뜻입니다. 설령 무릎이 긁혀 피가 배어 나와도 '아프지 않다'고 생각하면 아프지도 가렵지도 않습니다.

아이오와대학의 세바스티안 슐츠 스타브너(Sebastian Schulz-Stavner)는

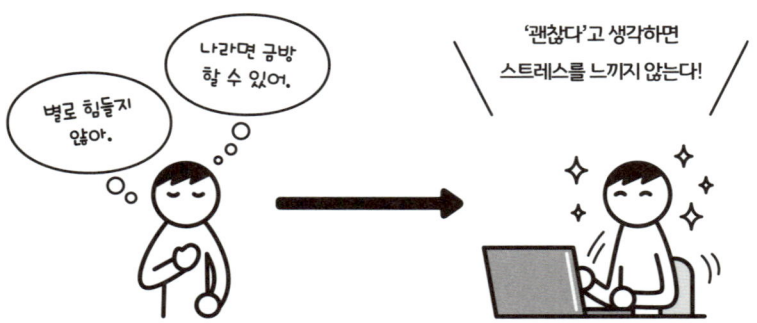

12명의 건강한 자원봉사자에게 통증을 느끼지 않게 하는 최면을 건 후 뜨거운 바람을 가해 통증을 느끼게 했습니다. 열을 가하는 동안 뇌 활동을 조사했습니다. 보통은 통증을 느끼는 뇌 영역(일차 몸감각겉질이나 대상회)이 활성화되어야 하는데, 최면이 걸리자 이 영역이 활성화되지 않았습니다.

이 결과를 바탕으로 슐츠 스타브너는 '임상에서 마취 대신 최면을 쓸 수 있지 않을까'라고 생각합니다. 따라서 스트레스받는 일을 해야 할 때는 먼저 자신에게 최면을 걸어봅시다.

"이런 것쯤은 식은 죽 먹기야."
"이런 일쯤이야 나라면 금방 끝낼 거야."

"하나도 안 힘들어."

긍정적으로 최면을 걸어두면 스트레스를 받지 않습니다. 신체적 통증뿐만 아니라 스트레스도 본인이 '괜찮다'고 생각하면 정말로 괜찮은 것이 됩니다. 고된 일을 해야 할 때는 '힘들다'가 아니라 '편하다, 편해'라고 소리 내어 말해보면 신기할 정도로 괴로움이 줄어들 것입니다.

텔레비전에 나오는 최면술사 쇼를 보면 '왠지 거짓말 같다'고 생각할지도 모르지만, 최면 자체는 과학적으로 그 효과가 확인된 현상이며 속임수가 아닙니다. 처음에는 어렵겠지만, 자신에게 여러 번 최면을 걸다 보면 점차 최면에 쉽게 걸릴 것입니다. 누구나 최면에 걸릴 수 있습니다. 힘든 일을 해야 할 때, 우선 자신에게 최면을 거는 습관을 들입시다. 마음이 한결 편해질 겁니다.

100점을 목표로
하지 않는다

♦

어떤 시험이든 100점 만점은 쉽게 받을 수 없습니다. 성실히 공부하면 80점이나 90점을 받을 수 있지만, 그 이상의 점수를 받기 위해서는 공부 시간을 상당히 늘려야 합니다. 100점과 90점은 겨우 10점밖에 차이가 나지 않는데, 그 때문에 막대한 시간과 노력을 들여야 한다는 점을 생각하면 '처음부터 100점을 받지 않아도 괜찮다'라고 결론 내리는 편이 좋습니다.

일도 그렇습니다.

100점을 받기 위해 너무 많이 노력해야 한다면 처음부터 완벽한 점수를 목표로 하지 않는 것이 좋습니다. 70점, 80점이라도 "뭐, 이 정도면 됐어" 하고 만족해야 스트레스에 시달리지 않습니다.

스위스 취리히대학의 페트라 비르츠(Petra Wirtz)는 건강한 중년 남성 50명을 대상으로 완벽주의를 측정하는 심리 테스트를 하고, 그 후 취직 면접을 목적으로 카메라를 향해 자신을 소개하고 매력을 전달하게 했습니다. 카메라 앞에서 말하는 건 누구에게나 긴장되는 일이라서 대부분 스트레스를 받습니다.

참가자들의 자기 어필이 끝났을 때 타액을 채취해 그 타액에 포함된 스트레스 호르몬(코르티솔)을 측정했습니다. 그 결과, 첫 번째 테스트에서 완벽주의 점수가 높은 사람일수록 스트레스 호르몬이 많고, 스트레스를 쉽게 느끼는 것으로 나타났습니다.

모든 게 완벽하지 않으면 직성이 풀리지 않는 사람은 쉬이 스트레스를 받습니다. 완벽한 사람을 목표로 삼지 않아야 스트레스에서 자유로이 살아갈 수 있습니다. 일할 때 항상 100점을 받아야 하는 걸까요? 아니요, 그렇지 않습니다. 상황에 따라 다르겠지만 70점만 받아도 충분할 때가 적지 않습니다.

가정에서는 항상 100점 만점인 아빠, 엄마가 되어야 하는 걸까요? 아니요, 그렇지 않습니다. 조금은 허술해도 괜찮습니다. 인간이니 결점 한두 가지 정도는 봐줄 수 있습니다.

완벽을 추구하는 마음은 이해하지만, 거기에 드는 비용을 생각하면 말리고 싶습니다. 그래야 쉽사리 지치지 않습니다. 때로는 되는 대로 적당히 해도 괜찮지 않을까요?

자신에게 중요한 게 뭔지
명확히 안다

독자 여러분은 무엇에 가치를 두고 있나요? 여러분이 중요하게 여기는 게 무엇이고, 중요한 것들의 우선순위는 어떻게 결정하나요?

부자가 되는 것이든, 가족을 소중히 여기는 것이든 자신이 어떤 가치관을 갖고 있는지 확실하게 아는 것이 중요합니다. 자신에게 중요한 가치관이 뭔지를 알아야 어떻게 살아가면 좋을지 지침을 얻을 수 있습니다.

'가족과 함께 보내는 시간'을 가장 중요하게 생각하는 사람은 야근하거나 친구와 술을 마시러 가는 것보다 가족과 보내는 시간을 우선순위에 둡니다. 가령 '야근하지 않으면 해고야'라고 협박받아도 '가족이 중요하다'고 생각하는 사람은 기꺼이 사표를 낼지도 모릅니다. 왜냐하

명확한 가치관을 갖는다

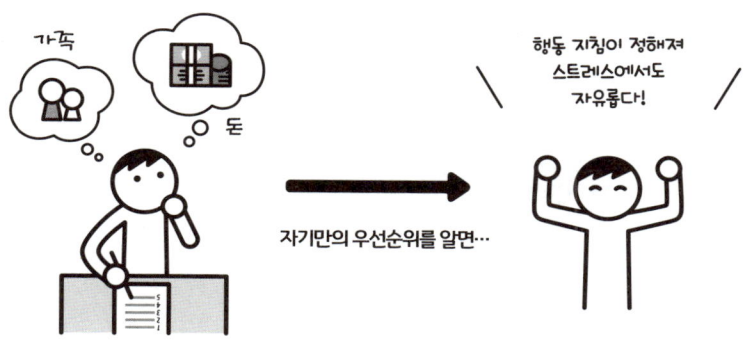

면 그래도 된다고 스스로 납득할 수 있기 때문입니다.

'부자가 되는 것'을 가장 중요하게 생각하는 사람은 옷이나 사치품 따위는 사지 않고, 가진 돈을 전부 은행에 저금할 것입니다. 남의 시선을 신경 쓰기보다는 돈을 모으는 게 중요하기 때문입니다. 남들이 아무리 비웃어도 아무래도 상관없는 일이라고 괘념치 않을 수 있습니다. 자신의 가치체계에서 무엇이 우선순위인지 잘 모르는 사람은 어떤 기준으로 행동해야 할지 몰라서 스트레스를 받습니다.

캐나다 워털루대학의 크리스틴 로젤(Kristin Logel)은 여대생 54명에게 자신이 가장 중요하게 여기는 것과 그 이유를 종이에 적게 했습니다. 2개월 반 후, 조사를 통해 자신의 가치관을 명확히 알게 된 사람들은 심리적으로든 정신적으로든 건강해진다는 것을 알 수 있었습니다.

자신의 가치관을 명확히 이해하면 하기 싫은 일, 하지 않아도 되는 일은 하지 않아도 됩니다. 그뿐만 아니라 본인이 하고 싶은 일을 가장 먼저 할 수 있습니다. 자신의 가치관을 명확히 파악해야 합니다. 중요하게 여기는 가치가 한둘이 아니겠지만 우선순위를 확실히 정하기 바랍니다. 조금 번거로워도 1~5번까지는 가치의 우선순위를 정해두는 것이 좋습니다.

스스로 어떻게든
해보려고 한다

힘든 일이 있어도 기본적으로는 타인에게 의지하지 않고 스스로 어떻게든 해보겠다고 마음먹는 것이 중요합니다.

예를 들어 컴퓨터 조작법을 잘 몰라도 바로 다른 사람에게 의지하지 말고, 스스로 어떻게든 해결해야 합니다. 집을 수리하고 싶으면 업자에게 맡기지 말고, 건축 자재 쇼핑몰에서 필요한 걸 사서 직접 수리하는 것입니다. 무슨 일이든 스스로 한다는 것을 행동 원리로 삼기 바랍니다.

물론 혼자서는 도저히 못 하겠다 싶을 때는 도움을 청할 수 있습니다. 그러나 이는 최후의 수단으로 남겨두고 기본적으로는 뭐든 스스로 해야 합니다. 어떻게든 할 수 있으면 '나도 할 수 있다!'라는 자신감을 가질 수 있습니다. 자신감이 있으면 쉽게 스트레스를 받지 않습니다.

캘리포니아대학 로스앤젤레스 캠퍼스의 니콜 에버하트(Nicole Everhart)는 여대생 104명을 대상으로 한 조사에서 '어려운 일이 생기면 즉시 도움을 요청한다'고 대답한 사람일수록, 설문조사 후 4주간 스트레스 정도가 높아진다는 사실을 확인했습니다.

다른 사람에게 의존하면 안 됩니다. 다른 사람에게 기대기만 하는 사람은 늘 자신감이 부족해서 정신적으로 약해집니다. '다른 사람의 힘은 빌리지 않아도 된다'고 생각하는 사람은 더 강하게 살아갈 수 있습니다. '하늘은 스스로 돕는 자를 돕는다'는 옛말이 있습니다.

설령 어려운 일이 있어도 자신의 노력으로 어떻게든 해보려는 사람에게 신도 도움의 손길을 내민다는 의미입니다. 처음부터 남의 힘을 빌리고 싶은 마음에 '누가 나 좀 도와줘'라고 말하는 사람은 신도 별로 돕고 싶어 하지 않을 것입니다.

기분이 우울해지면 쪼르르 의사에게 달려가 우울증 약을 받으려고 하기보다, 자기계발서를 한 손에 들고 '어떻게 하면 기분을 나아지게 할 수 있을까?' 스스로 해결책을 찾는 연습이 필요합니다. 나름대로 생각해보고 이런저런 방법을 시도한다면 스트레스에 강해지지 않을까요?

물론 모든 걸 스스로 하려 해도 한계가 있을 것입니다. 정말로 힘들 때는 다른 사람의 도움을 받아도 상관없습니다. 하지만 다른 사람을 너무 믿는 것은 좋지 않습니다. '다른 사람에게 의지하지 않겠다'라고 결심하면 마음은 점점 강해집니다. 무슨 일이든 스스로 해결할 수 있는 사람은 사소한 일로 갈팡질팡하거나 고민하지 않습니다.

긍정적인 것에
눈길을 준다

동물 사체가 나오는 동영상이나 교통사고 현장 사진을 보고 있으면 기분이 나빠집니다. 우리는 그런 영상이나 사진을 되도록 보지 않으려 하지만 우울증, 심한 불안감 등 감정 장애가 있는 사람은 다릅니다. 마음이 아픈 사람은 어쩐 일인지 우울하고 비탄한 것들에 관심을 두는 경향이 있습니다.

미국 밴더빌트대학의 토머스 암스트롱(Thomas Armstrong)은 아이트래킹(eye-tracking)이라는 시선 추적 장치를 이용하여 감정 장애가 있는 사람이 어떤 것에 주목하는지를 조사했습니다. '웃고 있는 아이'나 '달리는 개' 같은 긍정적인 이미지와 '썩은 동물 사체'나 '암세포' 같은 부정적인 이미지를 동시에 여러 개 놓고 시선이 어디로 향하는지 추적

부정적인 사람은 부정적인 것에 눈길이 간다

해본 것입니다. 그 결과, 감정 장애가 있는 사람은 부정적 이미지에만 초점을 맞추고 긍정적인 이미지에는 눈길을 주지 않는 것으로 나타났습니다.

부정적인 감정을 쉽게 느끼는 사람이 왜 부정적인지 이 조사를 통해 알 수 있겠지요. 부정적인 사람은 부정적인 것만 보는 게 문제입니다. 세상에는 보고 있으면 마음이 정화되거나 깨끗해지는 것들이 얼마든지 있습니다. 긍정적인 것에 눈길을 주는 버릇을 들입시다.

거리를 걸을 때, 가로수나 노을의 아름다움을 보고 즐깁시다. 도로변에 버려진 담배꽁초나 쓰레기통에서 넘쳐나는 빈 깡통, 공중도덕 없는 주인이 두고 간 개똥에 눈길을 주지 말고요. 그런 걸 보고 있으면 기분이 나쁠 수밖에 없습니다. 만약 부정적으로 보이는 것이 눈에 들어오면 즉시 시선을 딴 곳으로 돌리세요. 잠깐 본 걸로는 그렇게 기분이 나빠지지 않으니까요.

긍정적인 사람은 자신의 기분을 나쁘게 하는 것을 아예 보지 않으려고 합니다. 그 대신 아름다운 것, 감동을 주는 것, 절로 미소가 지어지는 것을 적극적으로 찾아서 보는 습관이 있습니다. 그래서 긍정적인 사람은 언제나 긍정적인 기분을 유지할 수 있습니다.

앞으로는 사람이 많은 장소를 걸을 때, 심기가 불편해 보이는 사람이 아니라 조금이라도 웃고 있는 사람에게 시선을 돌려보세요. '싫은 건 절대 보지 않는다'라는 원칙을 세우고 생활하면 부정적인 기분은 어디론가 날아가버릴 것입니다.

일이 안 풀리는 것은
'지금뿐'이라고 생각한다

스페인에 있는 데우스토대학의 에스더 칼베테(Esther Calvete)는 1,187명에게 '연인이 있기를 바라지만 혼자다'라는 가상의 시나리오를 읽게한 후 어떤 기분이 드는지를 물었습니다. 조사 결과, 별거 아닌 일에도쉽게 우울해하는 사람은 다음과 같은 생각을 하는 경향이 있다는 사실이 밝혀졌습니다.

① 원인이 자신의 성격에 있다고 믿는다(예컨대 연인이 생기지 않는 이유는 내성적인 성격 때문이다).
② 이 상태가 언제까지나 계속될 거라고 생각한다(평생 연인 따위 없을 것이다).

③ 앞으로 나쁜 결말이 기다리고 있을 거라고 생각한다(연인만 없는 게 아니라 일도 잘 안된다).

쉽게 우울해하는 사람은 그 원인을 자신의 성격에서 찾습니다. 직장에서 이성을 만날 기회가 없어 애인이 없을지도 모르는데 말입니다. 그런데도 잘못은 모두 자신의 성격에 있다고 생각합니다.

자기 탓을 하는 사람들의 특징은 그 상황이 일시적이지 않고 장기적으로 계속되리라 생각하는 것입니다. 감기에 걸렸을 때 사흘쯤 놔두면 낫는다는 사실을 믿으면서 왠지 마음의 병은 평생 낫지 않을 거라고 단정하는 경향이 있습니다. 또한 해피엔딩을 상상하지 않습니다. '용기를 내서 고백하면 잘될지도 모른다'는 결과를 그리지 않고, 무조건 나쁜 결말만을 상상합니다. 이러니 의기소침해지는 것도 무리가 아닙니다.

부정적인 사람의 문제는 부정적인 생각을 한다는 것입니다. 조금씩이라도 괜찮으니 사고 회로를 긍정적으로 돌려봅시다. 일이 잘 풀리지 않더라도 '내가 잘못했다'라고 생각하지 말고, 일이 잘못된 것은 '이번만'이라고 생각합시다. 다음번이나 다다음 번에는 잘될 거라 긍정하며 밝은 미래를 상상해보세요.

평소에 그렇게 생각할 수 있다면 기분이 쉽게 가라앉지 않을 것입니다. 부정적인 사람은 스스로 자기 목을 조르며 자승자박하는 꼴입니다. 그걸 알면 달라질 수 있습니다. 가능한 한 긍정적인 사고 습관을 들이기를 바랍니다. 그렇지 않으면 한 번뿐인 인생이 너무 아까우니까요.
지금부터라도 늦지 않았으니 조금씩이라도 긍정적으로 생각해봅시다.

생각은 항상
말랑말랑하게

의지가 굳은 건 괜찮지만 생각이 굳은 건 좋지 않습니다. 사물을 바라보는 견해는 유연할수록 좋습니다. 생각을 항상 말랑말랑하게 유지해서 어떤 일이 일어나도 바로 대응할 수 있어야 합니다. 생각이 말랑말랑한 사람일수록 우울증에 잘 걸리지 않는다는 연구도 있습니다.

런던 대학의 쉬리 다비도비치(Shiri Davidovich)는 참가자들에게 생각의 유연함을 측정하는 두 가지 실험을 했습니다. 첫 번째는 'F', 'A', 'S'로 시작하는 단어를 각각 1분씩 최대한 많이 생각하는 실험이었습니다. 단, 지명인 'France'나 'Act', 'Acting' 같이 어원이 같은 단어는 안 된다는 조건을 달았습니다. 이 작업에서 단어를 많이 떠올린 사람일수록 생각이 유연하다고 볼 수 있습니다.

두 번째는 모니터 화면에서 연달아 빠르게 지나가는 여러 가지 단어를 보고, 긍정적인 의미라면 버튼을 누르고, 부정적인 의미라면 버튼을 누르지 않는 실험으로 이 역시 생각의 유연함을 다룬 실험이었습니다.

그 결과 두 가지 작업을 통해 생각이 유연하다고 밝혀진 사람일수록 우울증에 걸리지 않는다는 결과가 나왔습니다. 생각이 굳은 사람은 안타깝게도 우울증에 잘 걸린다고 할 수 있습니다. 우울증은 완고하고 획일적인 사고방식을 가진 고지식한 사람이 잘 걸린다고 합니다. 바꿔 말하면 생각의 유연성이 없는 사람이라고 할 수 있겠지요.

어떻게 하면 생각의 유연성을 높일 수 있을까요?

저는 퀴즈나 난센스 문제를 풀어보는 걸 추천합니다. 난센스 퀴즈는 유연하게 생각하지 않으면 답을 얻을 수 없습니다. 답이 너무 특이해서 해답을 보고 나서 '뭐야, 이게?'라고 푸념할 수도 있는데, 그것도 다 난센스 퀴즈를 푸는 재미입니다.

생각이 굳은 사람은 난센스 퀴즈를 푸는 데도 애를 먹습니다. 바꿔 말하면, 유연성을 기르는 데 난센스 퀴즈가 도움이 된다고 할 수 있겠지요. 다양한 관점에서 생각하지 않으면 정답을 맞힐 수 없으니 재미 삼아 풀어보세요.

난센스 퀴즈의 답을 모른다고 해서 바로 해답을 찾아보면 안 됩니다. 그러면 생각하는 습관이 트레이닝되지 않습니다. 두뇌 트레이닝용 게임 중에도 생각을 유연하게 하는 트레이닝이 포함된 게 있으니 그런 게임을 내려받아 즐겨보는 것도 좋습니다. 뇌는 적절하게 자극할수록 활성화되는 특성이 있습니다.

몸의 긴장을 풀면
마음도 편안해진다

우리의 몸과 마음은 밀접하게 연결되어 있습니다. 몸의 긴장을 풀면 마음도 상쾌해집니다.

평소 마사지나 지압을 받는 사람이라면 체감으로 알 수 있습니다. 몸을 주무르고 근육의 긴장을 풀면 마음도 상쾌해진다는 것을 말이지요.

독자 여러분에게 실생활에서 혼자 할 수 있는 '점진적 근이완법'이라는 기술을 소개하려 합니다. 단어의 무게 때문에 왠지 몹시 어려운 방법처럼 느껴지겠지만, 기본적으로 근육에 힘을 넣었다 빼는 것을 반복하는 것뿐입니다. 그렇게 어렵지 않습니다.

서던미시시피대학의 로라 파울로(Laura Pawlow)는 실험 참가자 59명

중 44명에게 팔, 배, 다리, 어깨 등 각 부위 근육에 힘을 주었다가(7초 동안), 다시 힘을 빼는 과정을 30분 동안 반복하게 했습니다. 나머지 15명은 통제 조건을 적용해 30분 동안 조용히 기다리게 했습니다. 30분이 지난 후 스트레스 지수를 측정한 결과, 점진적 근이완법을 한 그룹은 불안이 줄고 심박수도 안정됐으며 스트레스 호르몬인 코르티솔도 감소하는 것으로 나타났습니다.

스트레스를 받으면 몸의 긴장을 풀고 힘을 뺍시다. 그러면 근육의 경직이 풀리는 동시에 스트레스도 자연히 사라집니다.

단, 몸에 긴장을 풀고 참으려 해도 처음부터 힘을 빼는 게 그렇게 간단하지 않습니다. 점진적 근이완법을 할 때는 먼저 근육에 힘을 주고 최대한 긴장시킵니다. 이렇게 일단 긴장시키고 나서, 한꺼번에 힘을 빼

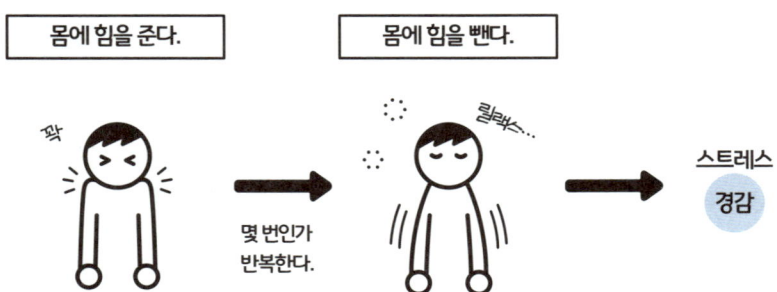

의식적으로 긴장을 풀고 힘을 뺀다

몸에 힘을 준다.

몸에 힘을 뺀다.

꽉

릴랙스...

몇 번인가 반복한다.

스트레스 경감

야 근육이 이완되고 힘을 뺄 수 있습니다.

　스트레스를 해소하려 할 때 대부분 사람은 정신적인 면에만 주목합니다. 부정적인 생각을 멈추면 스트레스가 줄겠지만, 부정적인 생각을 멈추는 것이 마음처럼 쉬운 일은 아닙니다. 뜻대로 되지 않아서 외려 짜증이 날 수도 있습니다. 그래서 몸의 긴장을 어떻게든 풀어야 합니다. 몸이 편안해지면 마음의 고민도 사라집니다.

'아직 익숙해지지 않은 것뿐'
이라고 생각한다

입사 1년 차 직장인과 10년간 같은 일을 하는 직장인 중 어느 쪽이 업무 스트레스를 받기 쉬울까요? 당연히 신입사원이겠지요. 신입사원은 아직 뭐가 뭔지 잘 몰라서 모든 면에서 허둥대기 때문입니다. 근무시간 중에는 처음부터 끝까지 신경을 곤두세워야 하고 일이 끝나면 녹초가 됩니다.

만약 지금 일로 스트레스를 받고 있다면 그저 '단순히 경험이 부족'해서 그럴지도 모릅니다. 지금 스트레스받는 일도 머지않아 아무렇지 않게 될 거라고 생각하는 편이 좋습니다.

캐나다 퀘벡주에 있는 맥길대학의 E.J. 핀터(E.J. Pinter)는 6명의 숙련된 조종사와 4명의 초보 조종사를 대상으로 비행 전후의 스트레스를 측정했습니다. 그 결과, 사람성장호르몬(HGH), 고프로락틴혈증(hPRL), 유리지방산(FFA) 등 모든 스트레스 지표에서 경험자일수록 스트레스를 잘 느끼지 않는 것으로 나타났습니다.

누구나 경험을 쌓으면 스트레스를 느끼지 않게 됩니다. 거꾸로 말하면, 신입사원 시절에는 누구나 스트레스를 받는 게 당연하니 크게 신경 쓰지 않아도 됩니다.

"나도 곧 익숙해질 거야."
"나도 쉽게 해낼 수 있을 거야."

이런 식으로 편하게 생각하는 게 포인트입니다. 실제로 일에 익숙해지면 스트레스를 스트레스로 느끼지 않습니다. '익숙함'으로 스트레스를 줄인다는 관점에서 생각하면, 한 회사에서 일하는 것이 좋습니다. 이직할 때마다 신입사원과 같은 상황으로 다시 돌아가야 하고, 일하는 내용이 크게 바뀌면 스트레스를 받을 수 밖에 없는 상황에서 다시 시작해야 하니까요. 그래서 이직을 반복하면 영원히 스트레스에서 벗어나지 못합니다.

같은 회사에서 20년 넘게 근무한 사람은 업무와 관련된 스트레스를 거의 느끼지 못합니다. 직장 동료들이 어떤 사람인지도 잘 알고 있어 인간관계에서도 스트레스를 받지 않습니다.

어떤 일을 하든 처음에는 '힘들고, 괴로울' 거라고 생각합니다. 하지만 쉽게 그만두는 것은 숙고해볼 일입니다. 조금만 참고 견디면 지금은 힘들고 버거운 일도 그렇게 힘들게 느껴지지 않을 겁니다. 그러니 조금만 더 버텨보는 건 어떨까요?

사실 스트레스는
장점이 많다

콜레스테롤에는 좋은 것과 나쁜 것이 있습니다. 스트레스도 마찬가지로 '좋은 스트레스'와 '나쁜 스트레스'가 있습니다. 이 책에서는 스트레스를 만병의 악, 없애야 할 해악으로 다루고 있지만 실제로 '좋은 스트레스'도 있습니다.

'스트레스를 느끼지 않는다'는 건 긴장 상태에서 벗어났다는 뜻인데, 일할 때는 신경을 곤두세우고 있어야 좋을 때도 있습니다. 일에 집중하면 정신적으로 지치기는 하지만, 그래야 실력 이상의 성과를 낼 수 있습니다. 생각하기에 따라 일의 생산성을 높이는 데 스트레스만큼 도움이 되는 것도 없습니다.

예일대학의 애리아 크럼(Aria Krum)은 금융회사 직원들에게 스트레스 관련 비디오를 2~3일 간격으로 세 번 시청하게 했습니다. 비디오는 두 종류가 준비되어 있었습니다. 하나는 '스트레스가 일을 망친다'는 내용이었고, 또 하나는 '스트레스 덕분에 일의 능률이 오른다'라는 내용이었습니다.

시청 결과, '스트레스는 나쁜 게 전혀 아니며 오히려 환영해야 한다'는 내용의 동영상을 보여준 그룹에서는 스트레스에 겁먹지 않게 됐다는 것을 알 수 있었습니다.

스트레스는 최대한 피해야 하는 것이란 생각을 바꿔야 합니다. 오히려 약간의 스트레스를 느끼면서 긴장 상태에 있는 것이 좋다고 생각하는 거지요. 그러면 스트레스를 필요 이상 두려워하지 않을 수 있고, 설령 스트레스를 받는다 해도 기꺼이 받아들일 수 있습니다.

긴장하는 건 불쾌한 감정이지만, 그 긴장이 풀렸을 때 크나큰 상쾌한 감정과 해방감을 경험할 수 있습니다. 긴장하지 않는 사람은 이런 상쾌함을 맛보지 못합니다. 긴장해야 나중에 그만큼 상쾌한 기분을 느낄 수 있습니다.

프랑스 랭스대학의 파비앙 르그랑(Fabien Legrand)은 프랑스 보주 산에 있는 놀이공원에서 롤러코스터를 타려고 하는 46명의 사람에게 말을 걸어 불안을 측정해보았습니다. 롤러코스터를 타고 난 후 다시 출구에서 말을 걸어 흥분했는지를 물었습니다. 그 결과, 롤러코스터를 타기 전 불안과 긴장을 느낀 사람일수록 타고 난 후에 상쾌한 감정을 느낀다는 것을 알 수 있었습니다.

스트레스는 상쾌함을 끌어내기도 한다

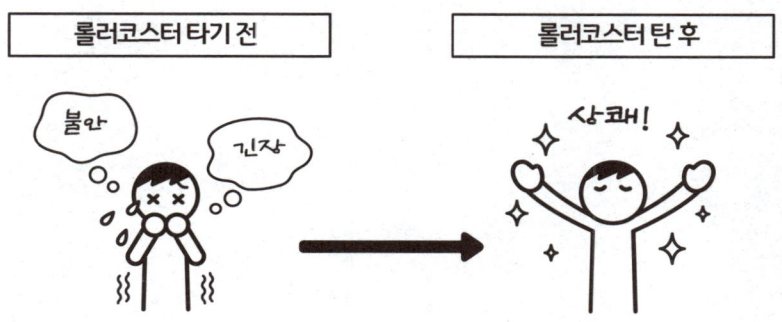

| 롤러코스터 타기 전 | 롤러코스터 탄 후 |

롤러코스터와 같은 놀이기구에 익숙해져서 불안을 전혀 느끼지 않는 사람은 쾌감이나 흥분도 얻지 못했습니다. 불안과 긴장 등의 스트레스에는 흥분을 끌어내는 효과가 있습니다. 스트레스는 반드시 피해야 하는 것이 아닙니다.

2 장

마음의 피로를
지금 바로 지운다

색으로
기분을 바꾼다

네덜란드 암스테르담대학의 A. 드 크랭(A. de Craen)은 병원에서 처방된 49가지 약물의 색상을 조사하고 흥미로운 사실을 발견했습니다. 알약의 색깔이 빨강, 노랑, 주황인 약은 흥분 효과를 가져오는 약으로 사용되고, 파랑과 초록은 진정 효과를 가져오는 약으로 사용되는 경우가 많았습니다.

우리는 시각적 정보에 영향을 받습니다. 알약도 그 효과를 높이는 색을 선택합니다. 약에는 각각 그에 맞는 약효 성분이 들어 있을 터라 어떤 색이라도 상관없다고 생각하겠지만, 실상은 그렇지 않습니다. 알약이나 캡슐의 색을 적절하게 선택함으로써 그 효과를 더욱 강화할 수 있습니다.

"요즘은 의욕이 안 나."

"기분을 내고 싶은데 영 흥이 나지 않아."

만약 그런 고민이 있다면 빨강, 노랑, 주황과 같은 따뜻한 계통의 색을 잠시 바라보면 상황을 개선하는 데 도움이 됩니다. 그러고 나면 몸이 흥분해서 의욕도 생깁니다.

반대로 신경이 곤두서고 근육이 굳은 것처럼 느껴진다면, 긴장 완화 작용을 하는 파란색이나 하늘색 등 차가운 색을 보면 좋습니다. 오솔길이나 올레길 등 울창한 자연이 있는 길을 산책하면 마음이 차분해집니다. 왜냐하면 나무의 녹색이나 물의 색이 '치유의 색'이기 때문입니다. 그런 풍경을 보고 있으면 마음이 차분해집니다.

스트레스가 쌓였을 때는 긴장을 풀 수 있게 주위를 둘러보고 하늘색 물건이 없는지 찾아보세요. 의외로 많이 찾을 수 있을 것입니다. 그 모습을 잠시 바라보면 몸도 마음도 편해지는 느낌이 들 거고요.

당신이 입고 있는 옷도 마찬가지입니다. 동기부여를 하고 싶을 때는 빨강이나 노랑의 옷을 입으면 좋고, 마음을 안정시키고 싶다면 파랑이나 초록색 셔츠를 골라서 입으면 좋습니다. 야근해서 정신적으로 지쳐 있을 때도 파란색 셔츠를 입으면 그만큼 마음이 편해집니다. 단순한 위로일지 모르지만, 그래도 조금은 스트레스를 줄일 수 있으니 꼭 시도해보세요.

청소가 귀찮을 땐
시트러스 향을 맡아라

청소를 좋아하는 사람은 별로 없습니다. 귀찮기 때문입니다. '어차피 금방 다시 더러워질 테니 청소해봤자 의미 없다'고 생각하는 사람도 적지 않을 것입니다. 청소를 좋아하는 사람은 별로 없겠지만, 청소를 너무 괴롭지 않게 하는 방법이 있습니다.

먼저 시트러스 향을 맡아보세요. 신기하게도 시트러스 향을 맡으면 우리는 우리도 모르는 사이에 깨끗한 것을 좋아하게 된다는 놀라운 연구 결과가 있습니다.

네덜란드 래드바우드대학의 롭 홀랜드(Rob Holland)는 두 그룹을 각각 시트러스 향이 나는 방과 그렇지 않은 방에 들어가게 했습니다. 거기에서 한동안 가짜 설문조사를 한 후, 다른 방에서 잘 부서지는 비스

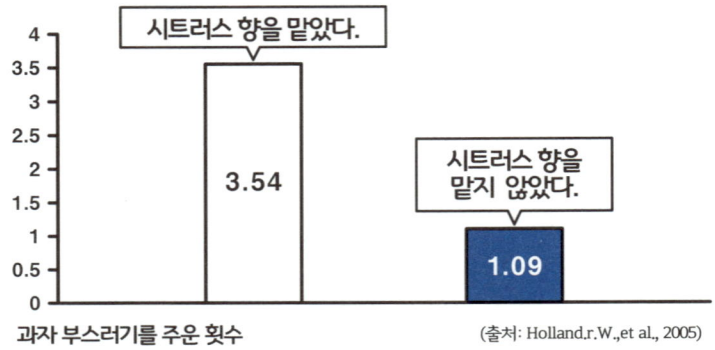

시트러스 향을 맡은 사람은 깨끗한 걸 좋아한다

시트러스 향을 맡았다.

3.54

시트러스 향을
맡지 않았다.

1.09

과자 부스러기를 주운 횟수

(출처: Holland.r.W.,et al., 2005)

킷을 먹게 했습니다. 이때 테이블에 떨어진 비스킷 부스러기를 얼마나 잘 줍는지 두 명의 판정자가 몰래 측정했습니다. 그러자 과자 부스러기를 주운 횟수는 위의 그림과 같았습니다.

시트러스 향을 충분히 맡은 그룹이 과자 부스러기를 더 잘 줍는다는 것을 알 수 있습니다. 시트러스는 상쾌한 느낌의 감귤계 향으로, 그런 향에는 깨끗한 걸 좋아하게 하는 효과가 있습니다. 홀랜드의 실험에서는 시트러스가 사용되었지만, 레몬이나 라임 등에서도 마찬가지로 상쾌한 향을 즐길 수 있습니다. 자신이 좋아하는 과일 향을 사용해도 좋습니다.

아로마를
즐긴다

마음이 초조하거나 불안해서 고민하고 있다면 아로마를 써보는 게 어떨까요? 심리치료 중에 '아로마 테라피'가 있다는 것에서 알 수 있듯이, 아로마는 마음을 치유하는 데 도움이 됩니다.

이란에 있는 비르잔드 의과대학의 아슈라프 기아시(Ashraf Ghiasi)는 아로마 테라피의 효과에 대해 조사한 16개의 연구를 모았고, 메타분석을 통해 종합적으로 효과를 검증했습니다. 그 결과, 아로마 테라피는 마음에 이로운 작용을 한다는 사실을 알 수 있었습니다. 가장 많은 연구 보고가 이뤄진 것이 라벤더였습니다. 만약 어떤 아로마 향기를 골라야 할지 망설여진다면 일단 라벤더를 고르세요. 그 외에도 효과가 입증된 향기는 많습니다. 기아시가 메타분석을 통해 확인한 바에 따르면, 로즈, 세이지, 제라늄은 3개의 연구에서, 카밀러, 비터오렌지, 스위트오렌지, 페퍼민트는 2개의 논문에서 효과가 있는 것으로 나타났습니다.

아로마 테라피의 좋은 점은 누구나 바로 실천할 수 있다는 것입니다. 생각과 성격을 바꾸기는 어렵지만 아로마 테라피를 사는 건 누구나 할 수 있습니다. 돈이 좀 들 수도 있지만, 효과가 확실하니 꼭 시도해보기 바랍니다. 좋은 냄새를 맡으면 우리 몸은 즉시 반응합니다.

웨스턴오리건대학의 크리스티나 버넷은 대학생 73명에게 매우 어려운 십자말풀이 문제를 시간제한을 두고 풀게 했습니다. 긴장과 불안을 부추기고 스트레스 반응을 일으키는 실험이었습니다.

그리고 라벤더나 물(무취) 냄새를 맡게 하고 심박수를 측정했습니다. 라벤더 향기를 맡게 하자 순식간에 심박수가 정상범위로 돌아오는 것을 확인할 수 있었습니다. 이렇듯 아로마에는 즉각적인 효과가 있습니다.

아로마 오일을 가습기에 한두 방울 떨어뜨리면 방안에 은은하고 상쾌한 향기가 나서 기분이 치유되는 효과를 얻을 수 있습니다. '향을 생리적으로 싫어하는' 사람은 향이 지나치게 강렬하게 느껴질 경우 아주 조금만 맡아도 됩니다. 향을 싫어한다 해도 아로마에는 놀라울 정도로 많은 향이 있으니, 찾아보면 반드시 좋아하는 향을 발견할 수 있을 것입니다.

자연의 소리를
배경음악으로 삼는다

주변 사람들에게 피해를 주지 않는다면 강물 흐르는 소리나 새소리 같은 자연의 소리를 배경음악으로 틀어놓고 일하면 좋습니다. 자연의 소리를 들으면 마음이 매우 편안해지거든요. 직장에서는 다른 사람에게 피해를 줄 수 있으니 이어폰으로 들어보세요.

자연에서 산책하는 것도 좋지만, 시간 내기 힘든 사람이 많은 걸 고려하여 적어도 자연의 소리라도 즐기자는 것입니다. 인터넷에서 검색하면 무료로 '자연의 소리'를 얼마든지 찾을 수 있으니 이용해보세요.

영국에 있는 브라이튼서식스 의과대학(브라이턴대학과 서식스대학의 파트너십으로 설립된 의과대학)의 카산드라 굴드 반 프라그(Cassandra Gould van Praag)는 약 5분 동안 자연의 소리를 들려주는 조건, 인공적인 소리를 들려주는 조건, 소리를 들려주지 않는 세 가지 조건에서 우리가 느끼는 편안함이 어떻게 달라지는지를 비교했습니다. 다음과 같은 실험 결과가 나왔습니다.

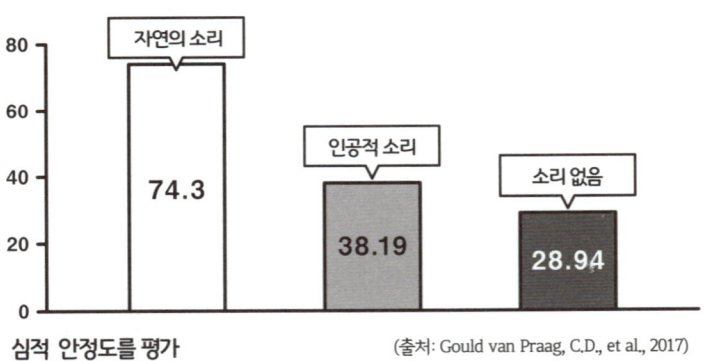

자연의 소리를 들으면 마음이 차분해진다

자연의 소리를 들으면 기분만 좋아지는 게 아닙니다. 굴드 반 프라그에 따르면, 자연의 소리를 들으면 고통이 덜 느껴지고 불안이 감소하고 심박수가 안정되며 스트레스 회복 효과가 있다고 합니다. 휴식 시간에는 5분 정도 자연의 소리를 들으면 일의 피로도 날아가고 '자, 다시 힘내자'란 기분이 들 것입니다.

이런 간단한 방법으로 스트레스를 해소해보세요. 도시에서 일하고 있어도, 자연의 풍요로움을 느낄 수 있는 장소를 쉽게 찾을 수 있습니다. 그런 곳을 거닐면서 자연의 소리를 즐기는 것도 좋겠지요. 도시의 소음에서 벗어나 마음을 편안하게 만들어보세요.

관엽 식물을
바라본다

직장에서는 시선이 닿는 곳에 화분을 놓아둡니다. 물을 주거나 비료를 주는 등 식물을 돌보는 게 부담스럽다면, 에어플랜트(땅에 뿌리 내리지 않고 잎을 통해 영양분을 섭취하는 식물을 가리킨다-옮긴이)를 추천합니다. 에어플랜트의 좋은 점은 공기 중의 수분을 마음대로 흡수해서 성장하기 때문에 키우기가 매우 쉽다는 점입니다. 다양한 종류가 있으니 마음에 드는 식물을 한두 가지 놓아둡시다. 일하다가 조금 지치면 식물을 바라보며 힐링하기 바랍니다.

노르웨이 생명과학대학의 티나 브링슬리마크(Tina Bringslimark)는 노르웨이에 있는 3개 기업의 직원들에게 질문했습니다. 그리고 일의 만족도도 물었습니다.

"직장에서 실내용 식물을 몇 개나 볼 수 있습니까?"

"뒤돌아보지 않아도 시야에 들어오는 식물이 있습니까?"

"책상, 사물함, 선반에 실내용 식물을 몇 개나 두고 있습니까?"

"1미터 이내에 식물이 몇 개 있습니까?"

브링슬리마크는 조명의 밝기, 실온, 소음, 업무량 등을 고려하여 분석했는데, 그런 영향을 제외하더라도 직장에 놓는 실내용 식물에 치유 효과가 있다는 것을 확인했습니다. 너무 커서 둘 장소가 마땅치 않은 관엽 식물보다는 책상 모서리에 장식할 수 있는 작은 식물이 좋습니다. 작은 식물을 화훼 단지나 꽃집에서 찾아보세요.

직장만이 아니라 집에도 식물을 둡시다. 식물을 하나만 둬도 방의 분위기가 크게 달라집니다. 방이 화사해지니 꼭 해보기 바랍니다.

스트레스는 자기도 모르는 사이에 쌓이는 성질이 있습니다. 주변에 식물을 많이 두면 스트레스를 해소할 수 있어 여러모로 유용합니다.

누군가와 함께
걷는다

건강을 위해 걷고 싶다면 누군가와 함께 걷는 것이 좋습니다. 혼자서 묵묵히 걷는 것도 좋지만 다른 사람과 대화하며 걸으면 즐거움이 배가 되기 때문입니다.

영국 에지힐대학의 멜리사 마르셀(Melissa Marselle)은 건강증진 프로그램에 참여한 1,081명을 대상으로 '그룹 워킹(group walking)'을 실시했습니다. 단, 몇 명이 함께 걷는 것이 조건이었습니다. 다른 한 그룹인 435명은 통제 조건에서 특별히 아무것도 하지 않았습니다.

13주 후 우울증 검사를 했더니, 그룹 안에서 걷기를 한 사람들은 우울증, 스트레스, 부정적인 감정이 감소하고 긍정적인 감정이 증가한 것으로 확인됐습니다. 그룹 워킹은 대성공이었습니다.

사람들과 대화하면서 걷는다

긍정적 감정
UP!

  걷기 자체에도 스트레스 해소 효과가 있지만, 사람들과 대화하며 걷는 것은 그 효과가 더욱 높았습니다. 가끔 몇 명씩 짝지어 공원을 산책하는 사람들을 볼 수 있는데, 그런 식의 그룹 워킹은 꾸준히 하는 것이 좋습니다.

  과거에는 회사에서 단합대회를 겸하여 사원끼리 하이킹이나 소풍을 가는 이벤트를 간간이 열었습니다. 단합대회를 귀찮아하는 사람도 있지만, 실제로 해보면 의외로 재미있습니다. 다 같이 모여 수다를 떨며 자연 속을 거닐면 기분이 전환됩니다. 또 사내 단합대회를 통해 더 친해지는 효과도 있었습니다. 최근에는 단합대회를 여는 회사가 줄어든 것 같은데, 사실은 좀 더 늘리는 것이 좋다고 생각합니다.

자연 속에서
'5분' 운동하기

자연의 품에서 조깅하거나 걷는 것은 스트레스를 해소하는 데 도움이 됩니다. 영국 에식스대학의 조 바튼(Jo Barton)은 운동은 5분이면 충분하다고 말합니다. 과연 어느 정도의 시간을 투자하면 좋을까요?

자연 속 운동(green exercise) 효과를 조사한 10개의 논문을 종합적으로 분석한 결과, 운동을 5분 정도 하면 충분히 기분을 고양하고 자존감을 높일 수 있다는 사실을 알게 되었습니다. 바튼에 따르면, 다음으로 효과가 높은 것은 10~60분간 운동하는 것이라고 합니다. 반대로 반나절에서 종일 운동하면 효과가 떨어진다고 합니다. 운동도 하면 할수록 좋은 것만은 아닌 듯합니다.

또한 바튼은 해변에서 하는 활동이 더 효과적이란 사실을 밝혀냈습

5분 운동이 가장 효과적이다

| 5분만 운동한다. | 반나절~하루 종일 운동한다. |

효과 **크다**

효과 **적다**

과도한 운동은 금물!

니다. 특히 강이나 바다, 분수나 폭포가 있는 곳에서 운동하는 것을 추천합니다. 바튼에 따르면, 남성이든 여성이든 물가에서 운동하면 효과적이며 남성은 더욱 동기부여가 된다고 합니다.

단 5분 운동이 효과적이라니 참 고마운 일입니다. 현대인은 할 일이 너무 많아서 좀처럼 운동할 시간을 확보하지 못합니다. 하지만 5분이라면 어떻게든 시간을 마련할 수 있습니다. 저도 매일 강변길을 2킬로미터 정도 걷는데, 5분 운동으로 충분하다면 시간을 더 줄여도 괜찮겠다는 생각이 듭니다.

5분 운동 중에, 가장 간편하게 할 수 있는 것이 라디오나 인터넷 체조입니다. 인터넷의 여러 콘텐츠 중에서 자신이 따라하기 쉽고 5분 정도로 짧은 체조영상을 찾아 따라 해 보세요. 자연에서 체조를 하면 충분히 심신의 건강에 도움이 될 것입니다. 체조를 착실히 하면 스트레스도 해소되겠지요. '스트레스가 좀 쌓였다' 싶으면 집에서 잠깐 해보는 것도 좋습니다. 5~6분이면 순식간에 끝납니다.

클라이밍으로
스트레스 해소

도쿄 올림픽에서 새로운 종목으로 채택된 클라이밍은 울퉁불퉁한 벽을 올라가는 스포츠입니다. 올림픽 영향도 있는지 클라이밍 애호가가 점점 늘고 있습니다. 만약 당신이 사는 지역에 클라이밍 시설이 있다면 꼭 해보는 걸 추천합니다. 스트레스를 해소하는 데 도움이 되기 때문입니다.

독일 프리드리히알렉산더대학의 카타리나 루텐버거(Catarina Lutten-berger)는 실험 참가자 47명을 두 그룹으로 나눈 뒤, 한 그룹은 일주일에 한 번 3시간씩 클라이밍에 도전하고, 다른 그룹은 특별히 아무것도 하지 않게 했습니다. 실험은 8주 동안 진행되었습니다.

실험을 시작하기 전과 후에, 우울함 정도를 측정하는 벡의 우울 평가(Beck Depression Inventory, 우울증을 측정하기 위해 개발한 자기보고식 검사-옮긴이)를 받게 했는데, 클라이밍을 한 그룹에서는 우울 정도가 실험 전보다 줄어든 것으로 나타났습니다. 클라이밍에는 스트레스 해소 효과가 확실하게 있었습니다.

옛날에는 아이들이 나무에 올라가서 놀았는데, 어쩌면 그렇게 놀아서 심신이 건강했는지도 모릅니다. 나무타기와 클라이밍은 엄연히 다르지만, 그 원리는 같습니다. 요즘 아이들은 아마도 위험하다는 이유로 나무를 타본 경험이 별로 없을 것입니다. 스트레스 해소를 위해서라도 나무를 타거나 클라이밍을 해보는 것이 좋지 않을까요? 조심하면서 낮은 나무라도 타보면 마음의 답답함을 날려버릴 수 있습니다.

안전에 신경 쓰고 싶다면, 몸에 안전 로프를 달고 클라이밍을 즐기면 좋겠지요. 저는 해본 적이 없지만, 실제로 해보면 의외로 재미있다고 합니다. 새로운 취미를 갖고 싶다면 클라이밍도 후보에 넣어봅시다.

단, 클라이밍에 스트레스 효과가 있다고 해서 혼자 산에 올라가 클라이밍을 하는 위험한 행동은 하지 마세요. 스트레스를 해소하려다가 크게 다치기라도 하면 큰일이니까요.

호흡에 집중하고
걱정을 날려버린다

"난 뭘 해도 안 돼."

"난 애인도 없고 결혼도 못 해서 혼자 쓸쓸히 죽어갈 거야."

"난 인생의 낙오자야."

이런 식으로 뭘 해도 금세 부정적인 생각만 머릿속에 떠올라 고민하는 사람들에게 꼭 알려주고 싶은 호흡법이 있습니다. 바로 브레스 카운팅(Breath Counting)입니다. 말 그대로 호흡에 집중하여 숨을 들이쉴 때마다 한 번, 두 번, 세 번…… 하고 호흡 횟수를 세는 간단한 방법입니다.

'그런 걸로 고민이 날아간다고?'라고 의문을 품는 사람도 있겠지만,

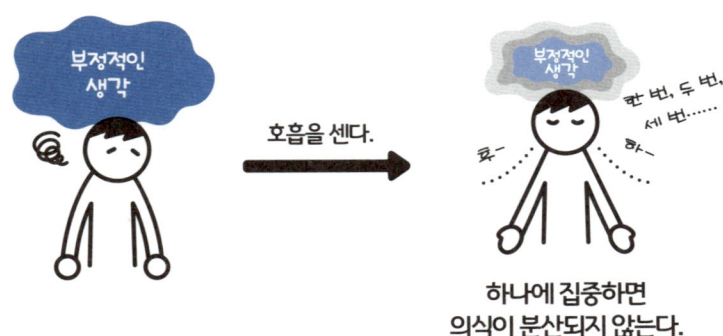

브레스 카운팅

부정적인 생각

호흡을 센다.

부정적인 생각

한 번, 두 번, 세 번……

코~

하~

하나에 집중하면
의식이 분산되지 않는다.

호흡 계산은 확실히 효과적인 스트레스 해소법 중 하나입니다. 위스콘신대학의 대니얼 레빈슨(Daniel Levinson)에 따르면, 호흡할 때마다 1부터 9까지 세고, 9까지 갔다가 다시 1로 돌아오는 작업을 반복하면 쓸데없는 생각을 하며 고민하지 않아도 된다고 밝혔습니다.

레빈슨은 참가자를 바꾸면서 4번이나 실험을 반복하며 총 400명 이상의 사람들을 대상으로 브레스 카운팅에 관해 검증했는데, 이 방법은 매우 효과적이었습니다.

왜 호흡을 세기만 해도 부정적인 생각이 날아갈까요? 그 이유는 우리가 한 가지 일에 집중하면 다른 일로 의식이 분산되지 않기 때문입니다. 호흡에 집중하면 적어도 호흡을 세는 동안에는 부정적인 생각이 머리에 떠오르지 않습니다. 인간은 두 가지 일을 동시에 할 수 없으므로,

호흡에 집중하면 고민은 잊을 수 있습니다.

만약 부정적인 생각이 조금이라도 머릿속에 스며들었다면 즉시 호흡에 의식을 집중하고 하나, 둘 호흡을 세어봅시다. 한동안 그렇게 호흡을 세면 부정적인 생각이 떠오르지 않을 것입니다. 예로부터 선 수행에서는 호흡을 세는 것을 수행법으로 삼았습니다. 좌선을 통해 머릿속을 비우려 해도 명상에 익숙하지 않은 사람은 쓸데없는 생각이 꼬리에 꼬리를 물어 도저히 머릿속을 비울 수가 없습니다.

좌선하는 사람, 특히 좌선 초심자는 '호흡을 세는 편이 좋습니다'라고 조언받습니다. 호흡을 세면, 다른 생각을 하지 않아도 되기 때문입니다. 선(禪)의 세계에서는 호흡을 세는 방법을 '수식관(數息觀)'이라 불렀습니다. 호흡에 집중하면 미혹이 사라진다는 것을 경험적으로 알고 있었던 것입니다.

부정적인 생각을
'물건'으로 처분한다

◆

    부정적인 생각을 머릿속에서 지우려고 해도 마음대로 되지 않습니다. '이제 그만 생각하자'라고 다짐해도 좀처럼 그렇게 할 수가 없습니다. 그러면 어떻게 해야 할까요? 부정적인 사고를 물건처럼 다뤄서 쓰레기를 버리듯이 처리하기를 권합니다.

    스페인 마드리드대학의 파블로 브리뇰(Pablo Brinol)은 고등학생 83명을 대상으로 3분 동안 자기 몸의 어떤 점이 맘에 안 드는지를 종이에 적게 했습니다.

    "눈이 홑꺼풀이라서 싫어요."
    "다리가 짧은 게 콤플렉스에요."

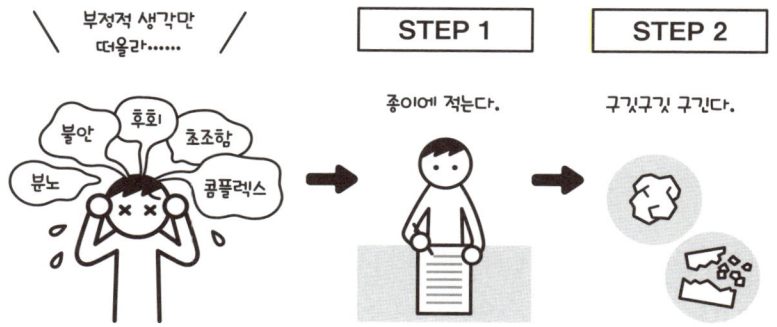

부정적 사고를 처분하는 방법

부정적 생각만 떠올라……

불안 후회 초조함
분노 콤플렉스

STEP 1
종이에 적는다.

STEP 2
구깃구깃 구긴다.

"엉덩이가 너무 커요."

이렇게 부정적인 감정에 빠졌을 때, 브리뇰은 참가자들을 두 집단으로 나누었습니다. 첫 번째는 쓰레기 처리 조건으로, 방금 쓴 종이를 갈기갈기 찢어서 쓰레기통에 버리라고 요구했습니다. 두 번째는 통제 조건으로 본인이 쓴 종이를 다시 한 번 읽고 맞춤법 검사를 하게 했습니다.

그러고 나서 내 몸을 좋아하는지, 싫어하는지, 매력적이라고 생각하는지 등등 자기 몸을 봤을 때 느껴지는 이미지를 물어보았습니다. 그러자 자기가 쓴 종이를 다시 읽고 철자를 체크한 사람들보다 종이

를 갈기갈기 찢은 사람들이 셀프 이미지를 좋게 표현한다는 사실을 알
게 되었습니다.

부정적인 생각이 머릿속에 떠오르면 일단 그것을 종이에 적어봅
시다. 충분히 적고 그 종이를 구깃구깃 구기거나 잘게 찢어버리는 겁
니다.

그런 행동을 통해 '좋아, 이걸로 부정적인 생각이 사라졌다!'라고 자
신을 타이르는 겁니다. 단순히 '부정적인 생각을 그만두자'라고 생각만
하는 게 아니라, 행동에 나서서 처리하면 부정적인 생각을 없앨 수 있
습니다. 우리의 생각은 물질이 아니라서 눈에 보이지 않지만, 종이에
써서 쓰레기를 처리하는 것처럼 지울 수 있습니다.

부정적인 생각만 하는 사람은 이 방법을 꼭 따라 해보세요. 부정적
인 생각을 지우기 위한 '의식'으로서 매우 쓸모 있으면서 과학적으로도
그 유효성이 확인되어 안심하고 활용할 수 있는 방법입니다.

일을 마치면 한바탕 땀을 흘리고
집에 돌아온다

　　최근에는 24시간 영업하는 헬스클럽이 늘었습니다. 퇴근길에 들릴 만한 헬스클럽이 있다면 꼭 회원 가입을 하고 매일 땀을 흘린 후 퇴근하도록 합시다.

　　직장에서 아무리 스트레스를 받더라도 퇴근 후 운동하면 근무 시간 중에 쌓인 스트레스를 해소할 수 있습니다. 24시간 영업하는 헬스클럽이라면 늦게까지 야근해도 문제없습니다.

　　영국 서리대학의 존 루크는 석유 회사와 IT 회사의 직원 46명(평균 35세)을 대상으로 조사한 결과, 일을 마치고 스포츠 활동을 하면 피로가 사라지고 상쾌한 기분이 들며 활력과 의욕도 회복된다는 사실을 확인했습니다. 스트레스는 땀과 함께 배출됩니다.

풋살이나 배구 등 스포츠동호회에 참가해보는 것도 추천합니다. 어쨌거나 운동하고 몸을 움직이는 건 좋은 일입니다.

하루 종일 일하느라 피곤해서 빨리 집에 가서 눕고 싶은 마음을 모르는 건 아니지만, 피곤한 상태로 집에 돌아와도 피로는 풀리지 않습니다. 집에 가기 전에 땀과 함께 스트레스를 날려버리는 것이 정답입니다.

일단 집에 갔다가 헬스클럽에 가는 것은 추천하지 않습니다. 왜냐하면 집에 돌아왔다가 다시 밖에 나가는 건 너무나도 귀찮은 일이기 때문입니다. 대부분 사람은 '오늘은 헬스장에 안 가도 돼'라고 스스로 정당화하고 게으름을 피웁니다.

아무리 피곤해도 집에 가기 전에 운동하러 가서 땀을 흘려야 합니다. 어쨌든 땀을 흘리면 되므로 헬스클럽이 아니어도 상관없습니다. 집 근처에 수영장이 있다면 거기서 운동해도 좋고, 집에 가는 길에 태권도나 검도 도장이 있다면 그곳을 선택하는 것도 좋습니다.

운동이 부족한 사람들은 대개 스트레스가 많은 편입니다. 정신적으로 약해지는 것도 역시 운동 부족이 원인일 수 있습니다. 가능하면 매일, 적어도 매주에 3~4일 운동하면 마음이 그렇게 아프지 않을 것입니다. 운동하면 스트레스가 깨끗이 해소되기 때문입니다.

운동을 하면 몸을 움직여야 하니 건강에도 좋고 스트레스도 없어져서 피부에서 윤기가 납니다. 게다가 비만 예방에도 좋고, 그 결과 이성에게 인기를 얻을 수도 있어서 일석이조는커녕 일석삼조, 일석사조의 효과를 기대할 수 있습니다.

클래식을 듣고
마음을 치유한다

음악을 들으면 마음이 편안해집니다. 훌륭한 음악에는 치유의 효과가 있기 때문입니다. 하지만 '구체적으로 어떤 장르의 음악을 들으면 좋을까?'라고 의문을 품는 독자분도 있을 테니 그 답을 알려드리겠습니다. 심리학에서 말하는 치유 효과가 뛰어난 음악 장르는 '클래식'입니다.

캘리포니아대학의 스카이 체이핀(Sky Chafin)은 먼저 참가자들에게 2397이라는 숫자에서 13을 빼게 하여 실험적으로 스트레스를 유발했습니다. 암산으로 2397, 2384, 2371이라고 대답하려면 꽤 머리를 써야 합니다. 게다가 30초마다 실험자는 "더 빨리!"하라고 닦달합니다. 이러면 상당히 스트레스를 받겠죠.

스트레스를 충분히 받게 하고 다음의 네 그룹으로 나누었습니다.

① 음악을 듣지 않고 그저 조용히 기다리는 그룹

② 클래식(파헬벨의 '캐논'과 비발디 '사계'의 제1악장 '봄')을 듣는 그룹

③ 재즈(마일스 데이비스의 '플라멩코 스케치' 등)를 듣는 그룹

④ 팝(사라 맥라클런의 '에인절' 등)을 듣는 그룹

음악을 들려주고 스트레스 회복 효과를 조사해보니 클래식을 들은 참가자만이 혈압이 훨씬 빨리 정상으로 돌아왔습니다. 재즈나 팝은 유감스럽게도 음악을 듣지 않고 그저 조용히 기다린 경우와 동일한 효과가 나왔습니다. 이 실험 하나로 결론을 내리기는 무리라고 생각하지만, 마음을 치유하기 위해 음악을 듣는다면 일단 클래식을 추천하고 싶습니다.

어떤 장르의 음악을 들어야 할지 망설여진다면 이 이야기를 떠올려보세요.

껌을 씹으면
스트레스를 덜 받는다

조금 품위 없는 방법이라서 이야기해야 할지 망설여지지만 스트레스 해소법의 하나로 '껌을 씹는 방법'이 있습니다.

메이저리거는 타석에 설 때 껌을 씹습니다. '왠지 품위가 없다'고 느끼는 사람도 있겠지만, 껌을 씹는 데는 분명한 이유가 있습니다. 타자는 마음을 진정시키기 위해 껌을 씹고 있는 것이지, 딱히 장난스럽게 겉멋을 부리는 것이 아닙니다.

근무 시간에 껌을 씹으면 건방지다거나 불성실하다고 상사에게 혼날 것 같지만, 휴식 시간에 껌을 씹는 것은 괜찮습니다. 만약 직장 분위기가 개방적이라면 꼭 껌을 씹으세요. 그러면 스트레스도 날려버릴 수 있습니다.

호주 스윈번 공과대학의 앤드루 스콜리(Andrew Scholey)는 실험 참가자 40명에게 껌을 씹으면서 작업하면 부정적인 기분이 들지 않고 스트레스가 줄어(타액 안의 코르티솔로 측정) 주의력도 강해져 작업 능률이 향상된다는 결과를 얻었습니다. 껌을 씹으면서 일하면 스트레스를 덜 받습니다.

　재택근무하는 사람은 집에서 일할 수 있어 거리낌 없이 껌을 씹을 수 있습니다. 이는 많은 사람에게 고마운 일입니다. 재택근무가 보급된 데는 이런 혜택도 있습니다.

　왜 껌을 씹으면 스트레스를 잘 느끼지 않을까요? 씹는 동작에는 신체의 활력을 끌어내는 효과가 있기 때문입니다. '이를 악물고 노력한다'라는 말도 있는데, 이를 악물면 몸에 힘이 넘치고 에너지 넘치는 사람이 됩니다.

　사실 껌을 씹는 대신 이만 악물어도 몸에 활력이 넘치지만, 그러면 이를 바드득 갈다가 이가 상할 수 있습니다. 전력을 다하고 싶은데 수중에 껌이 없을 때 어금니를 꽉 깨물면 단숨에 몸에서 힘이 날 것입니다. 단, 계속 이를 악물면 치아가 상할 수 있으니 '이때다' 싶은 타이밍에만 악무는 것이 좋습니다.

‖‖‖ 3 장 ‖‖‖

사람들과 어울리며
소모되지 않는다

붙임성을
기른다

스트레스의 원인에는 여러 가지가 있지만, 우리에게 가장 큰 스트레스는 역시 인간관계 아닐까요? 다시 말해 인간관계를 잘 유지한다면 현재 자신이 느끼고 있는 스트레스의 절반, 아니 80퍼센트 정도는 해소할 수 있을지도 모릅니다.

그렇다면 어떻게 인간관계를 원만히 할 수 있을까요? 특별히 어려운 일을 할 필요는 없습니다. 그저 항상 생글생글 웃으며 붙임성 있게 행동하면 됩니다. 그러면 어떤 사람과도 대개 잘 지낼 수 있습니다.

시카고대학의 웬디 레빈슨(Wendy Levinson)은 주치의 59명과 외과의 65명에게 각각 10명의 환자와의 대화를 녹화하게 했습니다. 레빈슨은 환자에게 한 번도 클레임을 받은 적이 없는 의사와 두 번 이상 클레임을 당한 적이 있는 의사를 두 그룹으로 나눠 환자와의 대화를 분석했습니다.

그러자 환자와 좋은 관계를 맺고 한 번도 클레임을 받은 적이 없는 의사는 진찰 중에 잘 웃고, 친절하고, 환자의 이야기를 경청하는 특징이 있다는 사실을 알게 되었습니다. 어쨌든 웃고 있으면 의사와 환자의 관계는 좋아질 것입니다.

환자가 불만을 제기하는 의사의 공통점은 무표정하거나 언짢은 얼굴을 하고 있는 사람들입니다. 이것은 의사와 환자 관계에 국한되지 않습니다. 어떤 업계, 어떤 일을 하는 사람이라도 평소에 웃는 얼굴로 사람들을 대하면 인간관계가 틀어지지 않습니다. 어떤 사람과도 잘 지내는 방법이 바로 웃는 얼굴을 보여주는 것입니다.

'재미도 없는데 그렇게 실실 웃고 있을 수 있을까!'라고 느끼는 사람도 있겠지만, 재미없어도 웃는 얼굴을 보여주는 것이 좋습니다.

'남자는 3년에 한 번 한쪽 볼만 웃는다'라는 말이 있습니다. 남자는 3년에 한 번, 그것도 한쪽 볼을 살짝 들어서 히죽 웃을 정도의 미소를 보여주면 된다는 의미인데, 이 말이 잘못됐다는 건 말할 필요도 없습니다. 레빈슨의 연구에서도 그런 의사일수록 환자들이 불만을 제기했습니다. 항상 활짝 웃는 얼굴을 만나는 사람 모두에게 보여주세요. 그러면 인간관계가 좋아지고 인간관계에서 받는 스트레스도 상당히 줄어들 것입니다.

자신을 향해
웃어줄 사람을 찾는다

◆

　사람들 앞에서 연설하는 것은 매우 긴장되는 일입니다. 이런 긴장이나 불안은 어쩔 수 없는 것일까요? 결론부터 말하면, 크게 불안에 떨지 않게 할 수는 있습니다.

　어떻게 해야 할까요? 청중 중에서도 나를 향해 미소 짓고 있는 (혹은 그렇게 보이는) 사람을 찾아 그 사람을 보고 말하면 됩니다. 저는 대학 강사라서 세미나나 강연회에 초대받는 일이 잦은데, 매번 긴장합니다. 처음 5분 동안은 나를 향해 웃고 있는 사람을 보며 말하려고 합니다. 그래야 긴장이나 불안을 느끼지 않기 때문입니다.

　이 기술은 플로리다주립대학의 노먼 슈미트(Norman Schmidt)가 효과를 입증한 아주 훌륭한 방법입니다. 슈미트는 사회불안이 있는 사람에

자신에게 호의적인 사람에게 주목하면 긴장하지 않는다

게, 심기가 불편해보이는 사람을 보는 조건과 웃고 있는 사람을 보는 조건에서, 불안의 크기에 어떤 차이가 있는지를 조사했습니다. 결과는 다음과 같았습니다.

○ 심기가 불편해보이는 사람에게 시선을 보낸다(18명).

→ 11퍼센트가 불안을 해소했다.

○ 미소를 띤 사람에게 시선을 보낸다(18명).

→ 72퍼센트가 불안을 해소했다.

(출처: Schmidt, N. B., et al., 2009)

수치를 보면 알 수 있듯이, 웃는 얼굴을 보면 불안이 해소됩니다.

슈미트는 4개월 후에 재조사했는데, 그때도 불안의 경감 효과는 지속됐다고 합니다. 자신을 향해 웃고 있는 사람은 최소한의 호의를 가지고 있다고 볼 수 있습니다.

그런 사람에게 시선을 돌리면, '나는 이 사람에게 받아들여지고 있다'는 안도감을 얻을 수 있고, 긴장이나 불안도 그렇게 느끼지 않게 됩니다.

뚱한 표정을 하고 있거나 무표정인 사람을 보고 있으면 '내 이야기가 지루한가?', '내가 긴장하고 있는 걸 마음속으로 비웃고 있지는 않을까?'라는 부정적인 생각만 듭니다. 따라서 그런 사람은 되도록 보지 않는 편이 좋습니다.

사람들 앞에서 말하는 것은 꽤 긴장되는 일입니다. 할 수만 있다면 피하고 싶을지도 모릅니다. 그렇게 도망만 칠 수 없을 때는 꼭 이 기술을 떠올리고 따라 해보세요.

상대방의 감정에
'라벨'을 붙인다

화가 난 사람을 보면 저절로 스트레스 반응이 일어납니다. '혹시 폭력을 행사하는 건 아닐까?', '살해당하는 건 아닐까?' 하고 위험을 느껴서 몸이 자연스럽게 반응합니다. 이 반응은 인간에게 갖춰진 본능적 반사와 같은 것입니다.

캘리포니아대학 로스앤젤레스 캠퍼스의 매튜 리버먼(Matthew Riberman)은 화난 얼굴이나 기쁜 얼굴을 봤을 때 우리 뇌가 어떻게 반응하는지 기능적 자기공명영상(fMRI)을 통해 확인했습니다. 그 결과, 화난 표정의 사람을 보면, 뇌에서 부정적 감정을 관장하는 편도체와 다른 대뇌변연계가 활성화되는 것을 알 수 있었습니다.

화가 난 사람을 보면 스트레스 반응이 일어납니다. 하지만 리버먼은 이런 스트레스 반응을 억제할 수 있다는 사실도 밝혀냈습니다. 그 방법은 감정 라벨법이었는데, 상대의 얼굴을 보고 그게 어떤 감정에 해당하는지 라벨링하면 편도체 활동을 억제할 수 있었습니다.

예를 들어 화난 얼굴을 한 사람을 볼 때는 그 분노에 딱 들어맞는 라벨을 생각해봅시다.

"보아하니, 아직은 '심기가 불편한' 단계군."
"분노 단계가 낮으니 '뿔다귀가 난' 정도일까."
"화가 많이 났네. 저건 '격앙' 단계야."

감정 라벨링

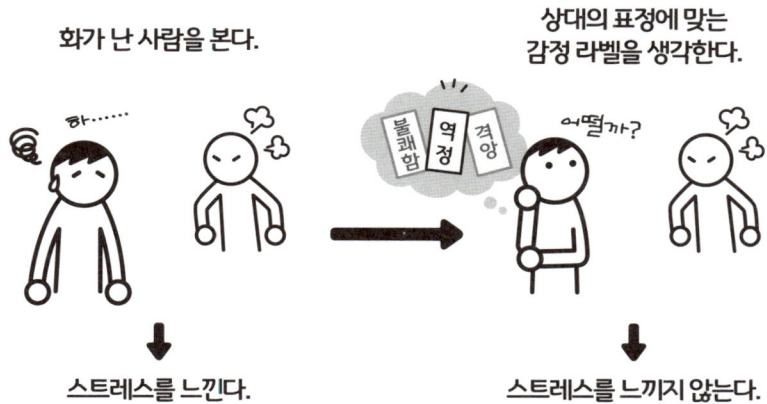

화가 난 사람을 본다. → 상대의 표정에 맞는 감정 라벨을 생각한다.

스트레스를 느낀다. / 스트레스를 느끼지 않는다.

이런 식으로 생각하면 뇌의 스트레스 반응이 일어나기 어렵습니다. 상대방의 표정에 맞는 감정 라벨에 대해 생각해보면 누구나 냉정해질 수 있습니다. 과학자나 의사가 된 기분으로 화가 난 상대를 냉정하게 관찰하면 스트레스를 덜 받을 수 있습니다.

화가 난 사람은 너무 진지하게 상대하지 않는 편이 좋습니다. 이쪽도 화가 나게 되니까요. 화가 난 사람을 상대로 스트레스를 받을 때는 마음을 가라앉히고, 상대방의 분노 수준을 관찰하고, 어떤 라벨을 붙이면 좋을지 생각해보세요.

분노에는 울화, 역정, 격노, 격분, 발끈함 등 다양한 라벨이 있으므로 가장 적절한 단어가 무엇인지 생각하는 것이 요령입니다. 머릿속으로 다른 생각을 하는 동안 상대방의 분노도 가라앉을 것입니다.

상사와 '적당히' 원만한 관계를
구축하는 요령

상사와는 원만한 관계를 맺는 게 좋습니다. 상사와 관계가 나쁘면 괴롭힘을 당하거나 비판받거나 무의미하게 야단을 맞을 수 있기 때문입니다.

인디애나대학의 케니스 해리스(Kenneth Harris)는 다양한 직업군에서 일하는 418명을 대상으로 직장 스트레스에 관해 연구했습니다. 그 결과, 상사와의 관계가 좋지 않은 사람일수록 '일 때문에 잠을 잘 자지 못한다'와 같은 스트레스 반응이 높은 것으로 나타났습니다. 상사와의 관계가 원만하면 스트레스를 줄일 수 있습니다.

여기서 한 가지 주의할 점이 있습니다. 상사와의 관계를 개선하는 것이 좋지만, 그렇다고 과욕을 부려서는 안 됩니다. 너무 노골적으로 아부하거나 아첨해서는 안 됩니다.

해리스에 따르면, 상사와의 관계가 좋으면 어느 단계까지는 스트레스가 줄어든다고 합니다. 하지만 상사에게 잘 보이려고 하면 다시 스트레스가 커집니다. '상사에게 사랑받지 못하면……'이라는 의식이 너무 강하면 그것이 또 다른 스트레스를 낳는 것이지요. 상사와는 적당히 사이좋게 지내는 것이 심리학적으로는 정답입니다.

항상 상사에게 아부할 필요는 없습니다. 다만 때와 장소를 가려가면서 기분이 좋아질 말을 하거나 출장을 갈 때는 세 번에 한 번 정도 선물을 사는 식으로 융통성을 발휘해보세요. 어떤 일이든 적당한 게 가장 좋은데, 그것은 상사와의 관계에도 적용됩니다.

상사에게 미움을 사는 것은 논외지만, 그렇다고 '상사가 가장 좋아하는 사람이 되자'라고 생각하지 마세요. 뭐든 적당한 것이 좋습니다. 비율로 따지면 60~70퍼센트 정도가 적당하지 않을까요? 상사와의 관계가 원만해지면 직장에서 느끼는 스트레스를 몰라보게 줄일 수 있습니다.

스트레스 때문에 우울증에 걸리는 사람은 대부분 상사와의 관계가 별로 좋지 않습니다. 상사와 잘 지내면 감당할 수 없는 업무량을 맡거나 괜한 일로 야단맞지 않아서 업무에서 스트레스를 받지 않습니다. 아침마다 상사를 만나면 먼저 인사를 하거나 업무 진척 상황 등을 요구하기 전에 미리 보고하는 걸 잊지 마세요. 별거 아닌 것 같지만 그렇게 하면 상사와의 관계는 좋아집니다.

두려워할 바에는
화를 내자

불안이나 공포에 취약해 언제나 가슴 조리며 살 바에는 차라리 화를 잘 내는 사람이 되는 것도 좋을지 모릅니다. 끊임없이 상사의 눈치를 살피며 작은 동물처럼 겁을 먹을 바에는 오히려 '불합리한 요구만 한다면 나도 화를 내겠다'라는 태도를 갖는 게 낫습니다. '얘는 화를 내면 무슨 짓을 저지를지 몰라'라고 상사가 생각하면 일하기가 수월해집니다.

카네기멜론대학의 제니퍼 러너(Jennifer Lerner)는 두려움이 사람을 겁쟁이로 만든다면 분노는 두려움을 덜 느끼게 한다는 사실을 실험적으로 확인했습니다. 러너는 미국 전역에서 무작위로 973명을 뽑아 911테러에 대해 질문을 던졌습니다. 절반에게는 "테러리스트의 어떤 점에서 공포를 느꼈나요?"라고 물었습니다. 나머지 절반에게는 "테러리스트의 어떤 점에 분노를 느낍니까?"라고 물었습니다.

각 그룹 응답자들에게 두려움과 분노의 감정을 끌어낸 뒤, 러너는 1년 이내에 교통사고나 비행기 사고에 휘말릴 가능성에 관해 물었습니다. 그러자 공포감을 느낀 그룹은 위험을 크게 느꼈지만, 분노를 느낀 조건에서는 그다지 위험을 느끼지 않는 것으로 나타났습니다.

불안이나 공포 같은 감정은 사람을 겁쟁이로 만들지만, 분노의 감정은 사람을 대담하게 만드는 효과가 있습니다. 뭔가에 대해 겁을 먹거나 불안이나 공포를 느낄 때는 분노의 감정을 마음에 불러일으키면 좋습니다.

불안과 공포는 분노로 바꾼다

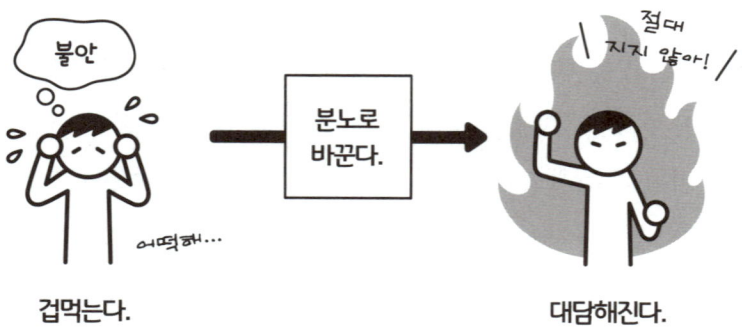

불안

어떡해…

겁먹는다.

분노로 바꾼다.

절대 지지 않아!

대담해진다.

"제길, 절대 지지 않겠어!"

"어디 한 번 해보자!"

"더 이상 말하면 때릴 거야!"

이런 용기 있는 말을 중얼거리면 공포심은 사라집니다. 수험생들도 시험에 합격할 수 있을지 불안하겠지만, 공포가 아닌 분노의 감정을 끌어내면 겁먹지 않고 공부할 수 있습니다. '다른 수험생에게는 절대로 지지 않아!', '다 때려눕혀 주마!'라고 소리 내어 말하면 입시도 두렵지 않을 것입니다. 성격적으로 겁이 많은 사람은 공포가 아니라 분노의 감정을 끌어내는 것이 좋을지도 모릅니다.

긍정적인 사람을
만나라

당신의 감정은 함께 있는 사람에 따라 달라집니다. 마치 독감처럼 사람에게서 사람으로 전염됩니다. 그래서 공포나 불안을 느끼는 사람 곁에는 되도록 가까이 가지 않는 게 좋습니다. '군자는 위험한 곳에 가까이 가지 않는다'라는 말도 있는데, 현명한 사람은 자신에게 해를 끼치는 사람을 되도록 멀리합니다.

뉴욕주립대학 스토니브룩 캠퍼스의 릴리안 무히카 파로디(Liliane Mujica-Parodi)는 평생 스카이다이빙을 해본 적이 없는 사람들에게 4킬로미터 상공에서 다이빙하게 했습니다. 지상에 내려왔을 때 그 사람이 입고 있던 속옷을 벗게 하고, 그 속옷에 묻은 땀 냄새를 다른 판정자에게 맡게 하는 실험이었습니다.

스카이다이빙을 한 경험이 없는 사람은 당연히 두려움을 느끼고 식은땀도 많이 흘렸을 것입니다. 그 땀에는 스트레스 호르몬도 포함돼 있었습니다. 그런 사람의 속옷 냄새를 맡으면, 놀랍게도 자신이 스카이다이빙을 한 것도 아닌데 냄새를 맡은 사람도 공포를 느낀다는 사실이 확인되었습니다.

또 뇌를 조사하면 공포의 감정을 일으키는 편도체가 활성화된다는 사실도 알게 됐습니다. 공포가 사람에게서 사람으로 확실하게 전염된다는 설이 확인된 것입니다. 겁쟁이 옆에 있으면 왠지 모르게 자신도 겁쟁이가 되는 건 공포가 전염되기 때문이겠지요.

공포와 피로는 조금 다르지만, '아, 피곤해', '오늘은 몸이 나른해'라고 입버릇처럼 말하는 사람 곁에는 되도록 가지 않는 것이 좋습니다.

감정은 전염된다

부정적인 감정을 가진 사람 곁에 있으면…

부정적인 기분이 전염

긍정적인 감정을 가진 사람 곁에 있으면…

긍정적인 기분이 전염

그런 사람 곁에 있으면 자신까지 피로감을 느끼게 되니까요.

　공포나 불안을 전혀 느끼지 않고, 낙관적이며 항상 명랑한 사람과 어울리는 게 좋을지도 모릅니다. 그런 사람과 함께 있으면 좋은 감정이 전염되어 나까지 즐거워지거든요. 나약한 소리를 하지 않고 힘들 때도 건강하게 행동하는 사람이 사귀기에 가장 좋은 상대입니다.

　결혼 상대도 가능한 한 긍정적이고 밝은 사람을 선택합시다. 자신에게 조금 우울한 면이 있다고 느끼는 사람이라면 더욱 그러합니다. 밝은 사람과 결혼하면 자신의 성격도 밝게 변할지 모릅니다.

좋아하는 사람에 대해
너무 많이 생각하지 않는다

사춘기에는 연애 경험이 없어서 좋아하는 사람이 생기면 자나 깨나 그 사람만 생각하게 됩니다. 한숨을 쉬며 괴로워하는 것도 한 때라서, 깊게 고민해보는 것도 인생의 경험이 되겠지만 어쨌거나 본인은 매우 괴로울 것입니다.

뉴욕주립대학의 조앤 다빌라(Joanne Davila)는 96명의 중학생(평균 13.2세)을 조사한 결과, 좋아하는 사람이 '머릿속에 가득'할수록 우울 증상이 쉽게 일어난다는 것을 확인했습니다. 좋아하는 사람이 생겨도 너무 많이 생각하지 않는 편이 좋습니다. 사춘기 때는 공부도 해야 하고, 동아리 활동도 해야 하며, 친구들과 어울리거나 할 일도 많으니 그쪽으로 주의를 돌려보는 것이 좋습니다. 공부든 운동이든 한 가지에 집중하면 좋아하는 사람에 대해 별로 생각하지 않아도 되니까요.

어른도 마찬가지입니다. 좋아하는 사람이 생기면 아무래도 그 사람만 생각하게 됩니다. 그 사람만 생각이 나서 마음이 괴롭다면, 다른 것에 의식을 집중하는 편이 좋을지도 모릅니다. 모처럼 연애하고 있으니 조금은 달콤 쌉싸름한 고통을 느껴보는 것도 나쁘지 않다고 생각할 수도 있겠지만, 머릿속이 좋아하는 사람으로 가득 차서 점점 말라가거나 일이 손에 잡히지 않으면 곤란합니다. 그런 사람이라면 역시 다른 일에 눈을 돌리는 편이 좋습니다.

다른 일에 주의를 돌리는 심리기법을 '주의분산법(distraction)'이라고 하는데(다음 절에서 설명하겠습니다), 연애만이 아니라 한 가지 일에 지나치게 몰두하는 것보다 다른 일에도 관심을 가져야 괴로움을 덜 느끼게 됩니다. 무슨 일이든 지나치게 몰두하는 건 위험합니다. 연애든, 게임이든, 도박이든 '적당히'가 가장 좋지 않을까요?

다른 일에도
관심을 갖는다

◆

기분이 우울하거나 슬플 때는 다른 생각을 하면 좋습니다. 주의를 다른 곳으로 돌리면 고민도 사라집니다.

이스라엘에 있는 네게브벤구리온대학의 갈 셰피스(Gal Sheppes)는 실험을 통해 주의를 다른 곳으로 돌리는 '주의분산법'의 효과를 검증했습니다. 셰피스는 실험 참가자들에게 홀로코스트 생존자를 다룬 다큐멘터리를 보여주었습니다. 영상을 보여주기 전, 한 그룹에만 "다큐멘터리를 보는 동안, 영상 내용과 관계없는 일, 예를 들면 '철새'에 대해 생각하세요"라고 부탁했습니다. 비교를 위해 다른 그룹에는 아무런 지시도 하지 않고 다큐멘터리를 보여주었습니다.

방영이 끝나고 불쾌함이나 공포 등 부정적인 감정을 측정해보니 그

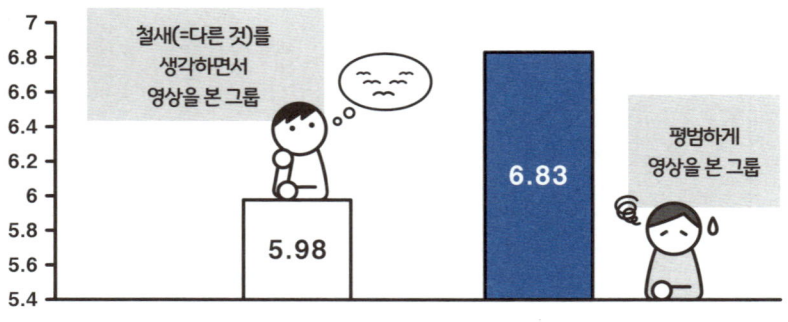

다른 것을 생각하면 부정적인 기분을 느끼지 않는다

철새(=다른 것)를 생각하면서 영상을 본 그룹

5.98

6.83

평범하게 영상을 본 그룹

부정적 감정의 크기

(출처: Sheppes,G.,&Merian,N., 2007)

림과 같은 결과가 나왔습니다. 그래프를 보면 알 수 있듯이, 부정적인 감정이 드는 다큐멘터리를 보는 동안, 딴생각을 한 그룹에서는 별달리 동요하지 않았다는 것을 알 수 있습니다.

셰피스의 실험에서는 '철새'를 생각해보라고 했지만, 내용과 관계없는 거라면 어떤 것이든 상관없습니다. 좋아하는 아이돌이라든지, 유급휴가를 썼을 때 하루를 어떻게 보낼 것인지 등 아무 상관없는 것들을 계속 생각해보세요.

지루한 회의에 참석하거나 조회를 할 때, 전혀 관계없는 일을 망상하는 사람이 많은데, 그게 바로 주의분산법입니다. 다른 일을 생각하면 지루한 시간도 순식간에 지나가고 짜증도 나지 않습니다. 앞서 소개

했듯이 이 방법은 한 가지 일에 지나치게 몰입하거나 생각이 많은 사람에게도 효과적입니다. 꼭 활용해보세요

대부분의 일은
그냥 흘려 넘기자

심한 일을 당해도 금세 잊어버리는 사람이 있습니다. 조금 의기소침해 있다가도 사고를 재빨리 전환해 '뭐, 어쩔 수 없지' 하고 까맣게 잊어버리는 사람이 있습니다. 스트레스를 쉽게 받지 않고 싶다면 좋은 의미에서 '건망증이 심한 사람'이 되자고 결심해봅시다. 언제까지나 앙심을 품고 있을 것이 아니라 용서하는 사람이 되었으면 합니다.

미국 아이오와주에 있는 루터대학의 로렌 투생(Loren Toussaint)은 '애인이 바람을 피우고 있다는 걸 알았다', '반년 동안 일자리를 찾았지만 결국 찾지 못했다' 등 96가지 상황에서 스트레스를 느끼는 정도와 사람을 용서해주는 마음의 강도를 측정했습니다. 그러자 둘 사이에는 강한 연관성이 있다는 것을 알게 되었습니다.

자신을 위해서도 그냥 흘려버린다

사람을 용서하지 못하는 사람일수록 스트레스를 많이 받고, 정신건강을 해치게 됩니다. 심한 일을 당했을 때, "빌어먹을, 그 자식이!" 하고 투덜거리며 언제까지나 앙심을 품는 사람이 있습니다.

이런 사람은 스트레스 반응도 좀처럼 가라앉지 않습니다. 계속 화가 나 있어서 혈압과 심박수도 높고 스트레스 호르몬도 계속해서 분비됩니다. 설령 심한 일을 당해도 오래 담아두지 말고 바로 기분을 전환합시다.

"이미 일어난 일이니 어쩔 수 없지."
"그럴 수도 있지."

"누구나 비슷한 경험을 해."

"이번에는 너무 운이 없었어."

이렇게 생각해보면 흘려 넘기는 것도 그렇게 어렵지 않습니다. 머릿속으로 끊임없이 되새기는 걸 그만두세요. 머릿속에서 계속해서 곱씹으니 스트레스 반응이 가라앉지 않는 것입니다. 집착하는 게 좋을 때도 있지만, 정신 건강의 관점에서 보면 그렇게 좋은 일은 아닙니다. 미련을 버리고 과거에 집착하지 않는 사람이 스트레스를 덜 받습니다.

'언제나'가 아니라
'어쩌다'라고 생각하면

　'중이 미우면 중이 입은 가사도 밉다'라는 말이 있습니다. 우리는 싫어하는 사람을 실제보다 더 싫어하는 경향이 있습니다. 싫어하는 사람에게는 그 사람의 말투, 식사하는 모습, 그 사람이 쓰는 향수, 그 사람이 타는 자동차 등 모든 것이 탐탁지 않게 보입니다.

　하지만 그렇게 생각하면 스트레스가 쌓입니다. 앞서 심한 일을 당해도 흘려 넘기라고 조언했는데, 싫어하는 사람도 가능한 한 관대한 마음으로 봐주는 것이 포인트입니다.

　미국 밴더빌트대학의 알렉산드라 베티스(Alexandra Bettis)는 9~15세 학생 70명에게 가정에서 스트레스를 줄이는 방법을 가르쳐주었습니다. 어머니나 아버지가 무심코 한 말이라고 해도 '엄마는 언제나 불평이 많아'라고 생각하지 말고, 오늘은 '어쩌다 기분이 언짢은 것뿐이야'라고 생각하는 편이 좋다고 가르친 것입니다.

그 결과, 이런 훈련을 받으면 스트레스를 크게 줄일 수 있다는 사실을 알게 되었습니다. 생각을 조금만 바꿔도 스트레스를 상당히 해소할 수 있습니다.

설령 싫어하는 사람이라도 '언제나 그 녀석은……'이라고 생각하지 말고 '오늘은 어쩌다……' 하고 너그럽게 용서해주면 그렇게 화도 나지 않을뿐더러, 짜증 내며 혈압을 올리는 것도 바보같이 느껴져서 흘려 넘길 수 있게 됩니다.

예를 들어 젊은이를, 혹은 노인을 나쁘게 보는 사람이 있습니다. 어쩌다 보니 껄렁껄렁한 젊은이에게 불쾌감을 느꼈다거나, 어쩌다 보니 노인에게 봉변당한 것이 원인이라고 생각합니다.

일부 젊은이나 노인을 싫어하는 게 아니라 '모든 젊은이(노인)를 싫어한다'는 방향으로 흘러가는 경우가 적지 않습니다. 이러면 젊은이(노인)를 만날 때마다 스트레스를 받게 됩니다. 이를 방지하려면 다음과 같이 생각합시다.

"우연히 이상한 청년을 만났군."
"어쩌다 보니 화를 잘 내는 노인네한테 안 좋은 일을 당했어."

이렇게 생각하면 스트레스를 적게 받을 수 있습니다.

미리 '거절의 말'을
생각해놓는다

◆

사실은 하고 싶지 않은데 '상대방이 기분 나빠하지 않을까?'라고 생각해서 선뜻 거절하지 못하는 사람이 있습니다. 사교적인 사람일수록 그렇습니다. 혹시 당신도 거절하지 못해서 고민하고 있지 않은가요?

곧장 집에 가고 싶은데 상사나 동료가 '술 마시러 가자'고 하면 도저히 거절하지 못합니다. 그런 사람은 돈과 시간을 헛되이 쓰고 나서 불쾌한 기분을 느낍니다. 만약 이런 고민을 하고 있다면, 좋은 거절법을 알려드리겠습니다.

그 방법이란, 미리 거절할 말을 생각해두고 집에서 여러 차례 거절하는 연습을 하는 것입니다. 이러면 누가 마음에 들지 않는 제안을 할 때 그 말이 자동인형처럼 튀어나옵니다. 배우가 된 것처럼 암기한 대사를 읽는 건 누구나 할 수 있지 않을까요?

　미국 앨라배마대학의 존 로크만(John Lochman)은 초등학교 4학년과 5학년 학생들에게 친구들이 담배, 술, 마약을 권하면 어떻게 거절해야 하는지 가르쳤습니다. 예를 들어 친구나 선배가 "담배를 피우는 사람은 쿨해 보여"라고 말하면 "전혀 멋있지 않아, 그냥 중독이잖아"라고 바로 되받아칠 수 있게 훈련시켰습니다.

　훈련은 한 번에 40~60분간 여덟 번 진행되었습니다. 1년 뒤에 아이들이 얼마나 비행을 저지르는지, 마약에 손을 대는지 등을 측정했더니, 거절 훈련을 한 아이일수록 거절을 잘하고, 비행이나 마약에 손을 대지 않는다는 것을 알게 되었습니다. 거절을 잘하지 못하는 사람이라면 거절할 말을 미리 생각해두지 않을 이유가 없는 것입니다.

　'어떡하지? 거절해도 괜찮을까……'

　그 자리에서 판단하려고 하니 거절을 못 하는 것입니다. 하고 싶지 않은 일을 선뜻 거절할 수 있는 사람은 머릿속에 거절할 말이나 시나리오가 확실히 들어 있어 그저 필요할 때 그 말을 입 밖에 내는 것뿐입니다. 미리 외워둔 대사라면, 누구나 능숙하게 말할 수 있습니다.

　여러분은 편의점이나 슈퍼마켓 계산대에서 점원이 "봉투 드릴까요?"라고 물으면 당황하나요? 아마 당황하지 않을 겁니다. 바로 "아뇨, 괜찮습니다"라고 거절하지 않을까 싶습니다. 어떻게 이렇게 거절을 잘 할 수 있는 걸까요. 마음속에 이미 '봉투는 필요 없으니까 거절해야지' 하고 정해놨기 때문입니다.

　　'이런 경우에는 이렇게 거절하자'는 것을 미리 정해두고 나름대로
할 말을 생각해두면 편의점 봉투를 거절할 때만큼이나 스트레스를 받
지 않고 거절할 수 있습니다.

힘들 때는
일부러 웃어본다

일하다가 힘들어서 그만두고 싶을 때 한 번 더 버틸 수 있는 마법을 알려드리겠습니다. 바로 부드럽게 미소 짓는 것입니다.

'아, 피곤해, 이제 틀렸다'고 느끼면 입꼬리를 올리고 생긋 웃어보세요. 이렇게 하면 피로와 스트레스가 한꺼번에 날아갑니다. '피곤한데 웃음이 나오냐'고 생각하는 사람도 있겠지만, 꼭 진심으로 크게 웃어야 하는 건 아닙니다. 억지웃음이어도 상관없으니 일단 웃어봅니다.

어떤가요. 조금 전까지 피곤했는데 마음이 가벼워지고 '좀 더 노력해볼까' 하는 긍정적인 자세가 되지 않았나요? 웃음은 스트레스를 줄여주는 효과가 있습니다.

미국 캔자스대학의 타라 크래프트(Tara Kraft)는 참가자들에게 그림

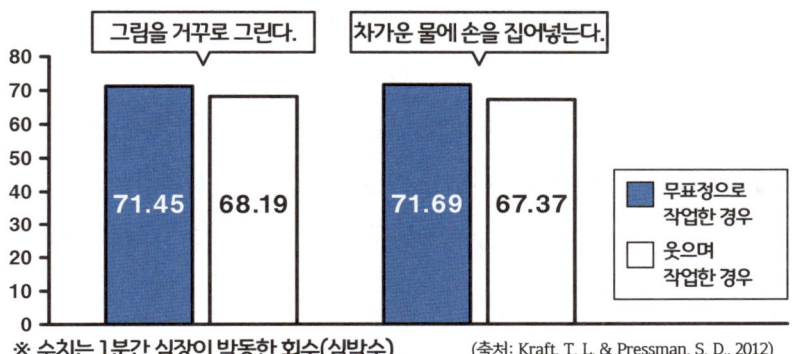

웃음은 스트레스를 줄여준다

그림을 거꾸로 그린다. 차가운 물에 손을 집어넣는다.

| | 71.45 | 68.19 | | 71.69 | 67.37 |

■ 무표정으로 작업한 경우
□ 웃으며 작업한 경우

※ 수치는 1분간 심장이 박동한 회수(심박수) (출처: Kraft, T. L. & Pressman, S. D., 2012)

을 거꾸로 그리게 하고, 차가운 물이 담긴 양동이에 손을 집어넣게 하는 식으로 참가자들에게 스트레스를 주었습니다. 이때 절반은 웃으면서 거꾸로 그림을 그리거나 차가운 양동이에 손을 넣었고, 나머지 절반은 무표정한 얼굴로 똑같은 작업을 했습니다.

작업이 끝나고 심박수 측정을 해보니 위의 그림과 같은 결과가 나왔습니다.

스트레스를 유발하는 두 개의 작업 중 어느 쪽도 웃으면서 작업하면 심박수가 올라가지 않았는데, 이를 보면 그다지 스트레스를 느끼지 않는다는 것을 알 수 있었습니다. 힘들고 괴로울 때는 웃으면 됩니다.

웃으면 우리 뇌는 뭔가 즐거운 일이라도 있나 착각하고 도파민 등의 쾌락 호르몬을 계속 분비합니다. 그래서 스트레스도 잘 느끼지 않습니다. 마음에 들지 않는 손님을 접대하거나 생리적으로 성격이 맞지 않는 상사와 이야기 나눠야 할 때, 우리는 무심코 불쾌한 표정을 짓습니다. 벌레 씹은 듯한 표정을 하는 거죠.

하지만 그런 표정을 지으면 스트레스가 더 심해질 수 있으니 조심해야 합니다. 싫어하는 사람을 대할 때는 되도록 생글생글 웃는 것이 정답입니다. 그러면 마음이 차분해지고 불쾌한 기분도 사라집니다.

받는 것보다
주는 게 먼저다

'기브 앤 테이크(Give and Take)'란 말이 있습니다. 사람들에게 좋은 일을 많이 하면 그들에게서 친절과 감사가 돌아온다는 뜻입니다.

주는 게 먼저라는 사실에 주목하세요. 먼저 적극적으로 상대에게 은혜를 베풀어야 합니다. 상대에게 받는 것은 그 후의 일입니다.

그런데 상대에게 아무것도 해주지 않으면서 상대에게 '테이크'만 요구하는 사람이 적지 않습니다. 내가 손해 보는 건 싫다는 마음이 있는 것입니다. 그 마음을 모르는 건 아니지만 그래도 사람들에게 친절하게 대하는 편이 좋습니다. 가령 상대에게 준 것이 돌아오지 않아도 계속해서 은혜를 베풀 수 있는 사람을 목표로 합시다. 인색해서도 안 됩니다.

매사추세츠대학의 엘리자베스 라포사(Elizabeth Raposa)는 어떤 날에

'기브&기브'로 스트레스를 잘 받지 않는 사람이 된다

사람들에게 친절하면 본인도 행복해진다.

스트레스가 줄고 부정적인 감정이 덜 일어나는지를 분석했습니다. 실험 참가자에게 일기를 쓰게 하고 그것을 분석한 것입니다. 그 결과 '다른 사람에게 좋은 일을 한 날' 스트레스가 줄어드는 것이 확인됐습니다.

다른 사람에게 친절을 베풀면 상대는 물론 친절을 베푼 사람도 기분이 좋아집니다. '인정은 남을 위한 것이 아니다'라는 속담이 있습니다. 남에게 좋은 일을 하면 자신이 행복해진다는 의미인데, 그 말이 맞는 것 같습니다.

누구에게나 친절하게 대하세요. 곤경에 처한 사람을 보면 즉시 말을 걸어주도록 합시다.

사람들에게 친절을 베풀고 그 사람들이 기뻐하는 것을 보면 우리도 덩달아 기쁘고 자존감도 높아집니다. 사람들에게 차갑게 대해서는 안 됩니다. 조금 손해 보는 것에 개의치 않아야 스트레스를 덜 받는 사람이 될 수 있습니다.

친한 사람과의
스킨십을 늘린다

스킨십은 매우 중요합니다. 원숭이들은 자주 서로의 털을 손질해주는데, 그것은 몸의 벼룩을 잡아주기 위해서라기보다는 서로의 친밀감이나 유대감을 깊게 하기 위해서라고 합니다. 서로 털을 손질해줌으로써 마음의 평안을 얻는 것입니다.

인간도 친한 사람과 스킨십을 하면 스트레스가 줄어듭니다. 미국 버지니아대학의 제임스 코안(James Coan)은 16쌍의 부부를 실험실로 초대하여 아내에게 전기 충격을 가했습니다. '왜 전기 충격인가?'라고 생각할지도 모르지만, 스트레스 반응을 조사하는 실험이라 스트레스를 주려고 일부러 전기 충격을 받게 한 것입니다.

전기 충격을 받았을 때 부인의 뇌를 기능적 자기공명영상법으로 촬

영했는데, 이때 두 가지 조건으로 실험을 시행했습니다. 한 조건에서는 남편이 손을 잡고 있었고, 다른 조건에서는 모르는 남자 실험자가 손을 잡았습니다.

그 결과 남편이 손을 잡고 있으면 뇌의 섬피질이나 상전두회 등의 영역이 활성화되지 않아 스트레스를 별로 받지 않는다는 사실을 알게 되었습니다. 사랑하는 사람과 함께 있으면 스트레스를 덜 받는 것이지요.

반면 낯선 남성 실험자가 손을 잡아주었을 때는 스트레스가 줄어들지 않았습니다. 접촉이 중요하다고는 해도 상대가 누구든 상관없다는 뜻은 아닌 듯합니다.

아이는 종종 엄마를 껴안는데, 엄마와 스킨십을 하면 안심할 수 있기 때문입니다. 어른이 되면서 사람들과의 스킨십이 점점 줄어드는 것이 일반적이지만, 사실은 스킨십을 더 많이 하는 게 좋습니다. 그래야 스트레스를 덜 받기 때문입니다.

그런 점에서 우리도 스킨십이 많은 서양 부부를 본받았으면 합니다. '부끄럽게 무슨'이라고 생각하는 사람도 있겠지만, 스킨십을 늘리면 스트레스가 줄어들고 건강해질 수 있다는 이점이 있으니 꼭 해보길 바랍니다. 이따금 사이좋게 손을 잡고 걷는 나이 지긋한 부부를 보면, 보는 사람의 마음도 편안해집니다.

4 장

스트레스 없는
하루하루를 만들어간다

속이 울렁거릴수록
음식에 주의하자

◆

스트레스를 받으면 정크푸드가 먹고 싶어집니다. 고지방에 설탕이 듬뿍 들어간 과자를 먹으면 일시적으로 행복감을 느끼기 때문입니다. 스트레스를 빨리 해소할 수 있어 과자에 손을 대기 십상입니다. 그러나 고열량 정크푸드만 먹으면 누구나 살이 찌고, 살이 찌면 자기 모습에 자신감을 잃어 자기혐오에 빠지고, 더욱 스트레스가 심해지는 악순환에 빠집니다.

텍사스대학의 재클린 허스(Jacqueline Hirth)는 다섯 곳의 클리닉에서 상담받던 3,181명의 여성에게 스트레스를 얼마나 받고 있는지 물었습니다. 또한 "지난 일주일 동안 맥도날드나 버거킹 같은 패스트푸드를 몇 번이나 먹었습니까?", "콜라나 펩시 같은 탄산음료를 얼마나 마십니

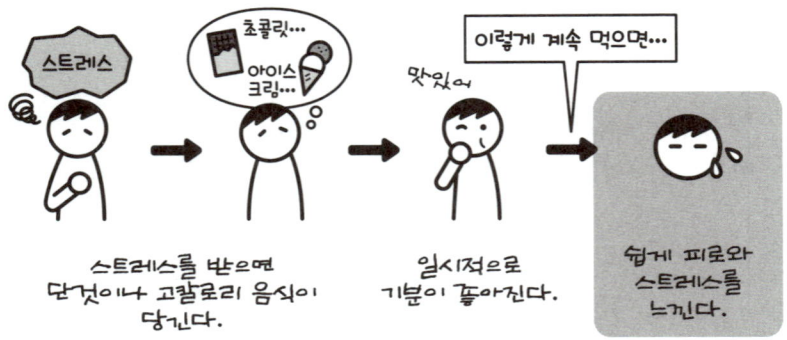

스트레스의 악순환

까?"라고 질문했습니다. 그러자 스트레스를 많이 받는 사람일수록 패스트푸드와 탄산음료를 많이 섭취하는 것으로 나타났습니다.

비슷한 결과는 영국에 있는 리즈대학의 대릴 오코너(Daryl O'Connor)에 의해서도 보고되었습니다. 오코너는 평균 40.3세의 여성 422명에게 한 달 동안 먹은 것과 스트레스에 대한 기록을 남기도록 했습니다. 그 결과, 직장에서 스트레스를 받는 날, 즉 누군가에게 비난당하거나 무시당하거나 많은 사람 앞에서 프레젠테이션해야 하는 날일수록 지방이 많이 들어 있고, 설탕이 가득한 과자 소비가 증가하는 경향이 나타났습니다.

물론 단것이나 고열량 음식을 일절 먹지 말라고는 말하는 게 아닙니다. 저도 스트레스를 받을 때는 초콜릿이나 바닐라 아이스크림을 먹는 편입니다. 다만 매일 직장에서 스트레스를 받는다고 해서 매일 단 음식을 먹는 습관이 생긴 사람은 주의해야 합니다.

맛있는 음식을 먹고 나면 일시적으로 기분이 좋아지는 것 같아도, 그러다 비만이 되면 더 쉽게 피로해지고 스트레스도 더 받을 수 있으니 조심해야 합니다. 일주일에 2~3번 정도 단 음식을 섭취하는 것은 별 문제 없다고 생각하므로 적당히 먹도록 합시다.

지중해식 식단은
정신 건강에도 좋다

지중해식 다이어트가 있습니다. 주로 그리스나 이탈리아 사람들의 식이요법을 참고한 것입니다. 지중해식 다이어트라고 해서 특별한 식자재를 준비할 필요는 없습니다. 채소와 과일을 듬뿍 먹고, 고기 대신 생선을 먹고, 되도록 설탕을 섭취하지 않는 식사를 하면 됩니다.

이런 식으로 먹으면 비만이 되기 어렵습니다. 비만을 예방할 수 있을 뿐만 아니라, 무려 마음의 건강도 향상할 수 있습니다.

호주 모내시대학의 에이드리엔 오닐(Adrienne O'Neil) 박사는 176명의 우울증 환자들에게 지중해식 식단을 제공했습니다. 어떻게 됐을까요? 3개월 후와 6개월 후에 추적 조사를 해보니 우울증이 크게 개선된 것을 확인했습니다. 이렇듯 식생활을 바꾸면 마음도 건강해집니다.

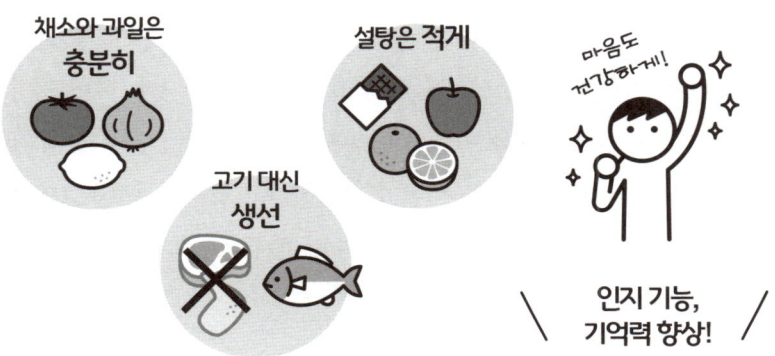

그 외에도 지중해식 식사에 관한 많은 연구가 있습니다. 오스트레일리아에 있는 스윈번공과대학의 로이 하드먼(Roy Hardman)은 지중해식 식사에 관한 18개의 연구를 종합적으로 분석하고, 실제로 지중해식 식사를 했습니다. 그 결과, 다음과 같은 다양한 효과를 얻을 수 있다는 것을 체감했습니다.

① 인지 기능이 높아진다.
② 기억력이 향상된다.
③ 알츠하이머를 예방할 수 있다.

다른 누구도 아닌 자신의 건강을 위해서 식생활에 더욱 신경을 썼으면 합니다. 그렇다면 지중해식 식사가 아니라 일식은 어떨까요? 사실 일식도 아직 쓸 만합니다.

일식에는 된장, 간장, 낫토 등의 발효 식품이 많습니다. 하버드 의학전문대학원의 에바 셀허브(Eva Selhub)에 따르면, 발효 식품은 신체 건강뿐만 아니라 정신적으로도 이롭게 작용한다고 합니다. 옛날 그대로의 전통 일식을 먹고, 되도록 패스트푸드를 먹지 않으면 마음도 건강해진다고 할 수 있습니다.

생선을 먹으면
정신력이 강해진다

저는 영양학자는 아니지만, 어떤 것이 정신 건강에 좋은지는 알고
있습니다. 우울증을 예방하고 경감해주는 고마운 영양소가 분명히 있
습니다.

네덜란드 암스테르담대학의 로엘 먹킹(Roel Mocking)은 '오메가3 지
방산'인 EPA(에이코사펜타엔산)와 DHA(도코사헥사엔산) 등의 보충제를 섭
취하면 우울증에 잘 걸리지 않는다는 연구 결과를 보고했습니다. 우
울증에 걸리고 싶지 않다면, 오메가3 지방산을 많이 섭취하면 됩니다.

오메가3 지방산인 EPA나 DHA는 해산물에 풍부하게 함유된 성분
입니다. 생선을 찾아 먹으면 그렇게 기분이 우울해지지는 않을 것입니
다. '생선을 별로 좋아하지 않는다'고 말하는 사람도 있겠지만, 정신 건

강을 튼튼하게 하기 위해서라도 즐겨 먹읍시다.

스트레스를 잘 받지 않는 체질이 되고 싶다면 음식에 대한 호불호를 너무 강하게 주장하지 마세요. 앞서 '지중해식 식사가 좋다'고 이야기했는데, 지중해식 식사는 고기가 아니라 생선이 중심입니다. 그래서 지중해식 식사를 하면 우울함을 느끼기 어렵고, 매일 활기차게 지낼 수 있습니다.

생선에 들어 있는 EPA나 DHA에는 혈관을 부드럽게 하고 혈액을 부드럽게 하는 효과도 있으며, 이것이 동맥경화나 심장병에 걸릴 위험도 줄여주므로 정신뿐 아니라 몸에도 좋습니다. 생선은 상하기 쉬우니 고등어 통조림을 사놓는 걸 추천합니다. 통조림을 비축하면 매일 장을 보러 가는 수고도 덜 수 있습니다.

일본은 바다로 둘러싸인 섬나라라서 일본인은 옛날부터 고기보다 생선을 많이 먹었습니다. 이것이 옛날 일본인이 건강하게 살 수 있었던 비결인지도 모릅니다. 식생활이 서구화되면서 현대 일본인은 생선보다 고기를 먹는 사람이 압도적으로 늘어났고, 그로 인해 스트레스를 느끼는 사람도 늘어난 게 아닐까 미루어 짐작할 수 있습니다.

EPA나 DHA를 더 간편하게 섭취하고 싶다면 보충제를 먹는 것도 좋습니다. 시판되는 보충제로 매일 EPA를 섭취하면 스트레스를 덜 받을 수 있습니다.

운동을 습관으로 만들기 위한
장치를 만들다

후쿠오카에 있는 니시테쓰 후쿠오카(덴진)역에는 아주 재미있는 계단이 있습니다. 계단이 피아노 건반으로 되어 있어 밟는 곳에 따라 소리가 달라집니다. 계단이 이렇게 재미있으면 운동하기 귀찮은 사람이라도 '오늘은 계단을 이용해볼까?' 하는 마음이 들지 않을까요?

비만을 예방하고 스트레스받지 않는 체질이 되고 싶으면 운동하세요. 기본적으로 몸을 움직이는 게 귀찮아서 운동을 꺼리는 사람도 많습니다. 재미나 즐거움을 느낄 장치가 없으면 운동을 오래 하기 어렵습니다.

미국 질병통제예방센터의 로빈 솔러(Robin Soler)는 엘리베이터나 에스컬레이터 옆 계단에 그림을 그려두거나 예술 작품을 설치하고 음악을 틀면 계단 이용자를 늘릴 수 있다는 주장을 다룬 16개 논문을 종합적으로 분석했습니다. 그 결과, 엘리베이터보다 계단을 이용하는 사람들이 더 많다는 것을 확인했습니다. 즉, 재미있는 장치가 있다면 우리는 계단을 귀찮아하지 않고 이용한다는 것입니다.

지속적으로 운동하려면 운동할 계기가 될 만한 '장치'를 먼저 생각해야 합니다. 그저 힘들고 괴롭기만 하면 운동하는 습관을 기를 수 없으니까요. 걷기가 심신 건강에 좋다고 한들, 막연히 걸어야 한다면 아마 3일도 지속되지 않을 것입니다.

그런 분들에게 추천하고 싶은 것이 워킹 앱입니다. 워킹용 게임 앱을 활용해 운동을 시작하면 어떨까요? 아마도 즐겁게 걸을 수 있을 것 같습니다. 걷기를 할 때마다 게임 주인공의 경험치가 올라가거나 돈을 받는다면 힘이 나겠지요.

'건강에 좋으니까'란 말만으로는 운동 습관이 몸에 배지 않습니다. 건강에 좋은 건 알지만 귀찮은 마음이 앞서서 좀처럼 운동 습관을 들이지 못합니다.

공부도 다르지 않습니다. 즐거움을 느끼지 못하면 좀처럼 습관을 들일 수 없습니다. 운동하는 습관을 들이려면 먼저 즐거움을 느낄 수 있는 장치를 만들어야 합니다. 게임 앱처럼 운동하면 재미있는 특전이 따라오는 장치를 만들면 즐겁게 운동 습관을 기를 수 있습니다.

이메일 확인은
하루에 세 번까지

여러분은 페이스북이나 인스타그램 같은 SNS를 하고 있나요? 다양한 사람들과 교류하는 건 재미난 일이지만 너무 많이 하면 피곤해지는 것도 사실입니다. 마음이 조금 힘들 때는 메일이나 SNS 보는 횟수를 줄여보세요. 메일이나 댓글을 주고받는 횟수만 제한해도 마음이 가벼워집니다.

캐나다 브리티시컬럼비아대학의 코스타딘 쿠실레프(Kostadin Kushlev)는 지역사회 센터에 포스터를 붙이고 지역 신문에 광고를 내서 124명(평균 30세)의 실험 참가자를 모집했습니다. 무작위로 참가자를 두 그룹으로 나누고, 한쪽 그룹에는 '일주일간, 하루에 메일 확인은 세 번까지' 하라고 지시했습니다. 나머지 그룹은 지금까지와 마찬가지로 메일 확

횟수 제한 없음

또 메일 보고 답장해야 돼.

스트레스 높다

하루에 세 번까지

이번에는 메일을 보지 말고 집중하자!

스트레스 낮다

인 횟수를 제한하지 않고 평소와 같이 생활하게 했습니다.

일주일 후, 다시 참가자들에게 여러 가지 질문을 했습니다. 메일 확인을 하루 세 번으로 제한한 그룹에서는 스트레스가 줄고, 긍정적 기분을 느낄 수 있게 되었으며, 수면의 질이 향상되었고, 업무량도 늘었다는 것을 확인했습니다. 단지 메일 확인 횟수를 제한한 것만으로도 여러 가지 효과를 얻은 것입니다.

쿠실레프의 실험에서는 메일을 주고받는 것이 제한됐지만, 여기에 SNS를 확인하는 것도 해당합니다. 스마트폰을 수시로 확인하고 SNS를 보는 사람이 있는데, 하루에 수십 번 확인하는 것이 정신 건강에 좋을 리 없습니다. SNS를 하면 안 된다고는 말하는 것이 아닙니다. 오전과 오후에 각각 한 번, 밤에 한 번, 합해서 세 번쯤 확인하는 것이 좋습니다.

저는 모든 SNS 활동을 중단했습니다. SNS에 인생이 휘둘리는 기분이 들었기 때문입니다. SNS를 끊고 나니 신기하게도 마음이 홀가분해졌습니다. 업무 관련 메일을 확인하는 일도 거의 하지 않습니다. 답장이 조금 늦어지기는 했지만 개의치 않았습니다. 정말로 급한 연락이라면 문자 메시지를 보내지 않고, 전화를 걸어올 테니까요.

물론 SNS를 즐겁게 하고 있다면 계속하세요. 재미있다면 좋은 휴식이 될 겁니다. 다만 원하지 않는데도 타성으로 하고 있다면, 하루에 세 번으로 줄이는 게 좋지 않을까요?

본인이 지치지 않는 범위 안에서 적당히 하는 것이 포인트입니다.

가끔은
'땡땡이'도 필요하다

기술의 발달로 상사는 부하직원이 제대로 일하고 있는지 쉽게 감시할 수 있게 됐습니다. 일과 관계없는 인터넷 서핑을 하거나 게으름을 피우면 금방 들통이 납니다. 그렇다면 이런 감시 체계는 업무 효율을 높일 수 있을까요?

예일대학의 B. 아믹(B. Amick)에 따르면, 오히려 부하직원들은 상시 감시당하는 것에 스트레스를 받아 업무 효율이 떨어진다고 합니다. 물론 게으름을 피워서는 안 되겠지만, 인간은 로봇이 아니라서 계속 전력을 다해 일할 수 없습니다. 그러니 틈틈이 땡땡이를 피웁시다.

'아, 이러다가 나, 큰일 날 것 같아'라고 느낄 정도로 전력을 다해서는 안 됩니다. 그런 사람은 스트레스를 받으면 '번아웃 증후군'에 걸립

틈틈이 휴식이 필요하다

화장실에서 1, 2분 눈을 감는다.

바깥의 공기를 마신다.

커피나 차를 끓인다.

니다. 우울증에 걸릴 정도로 과로해서는 안 됩니다.

성격적으로 성실한 사람에게는 어려운 주문일지도 모르지만 자신을 지키기 위해서라도 '적당한 땡땡이'는 꼭 필요합니다. '땡땡이'란 말에 거부감이 들 수도 있지만, 운동선수가 연습 도중에 조금씩 수분을 보충하는 것과 같다고 생각하면 됩니다.

그리고 보니 제가 중고등학교 다닐 때는 동아리 활동 중에 '물을 마시지 말라'고 지도받았습니다. 지금과 정반대죠. 물을 마시면 더 힘들어진다는 터무니없는 이유였습니다. 더운 여름날에 물을 마시지 않으면 쓰러집니다. 대부분의 학생들은 화장실에 가는 척하고 몰래 물을 마시고 돌아오는 걸 당연하게 여겼던 기억이 납니다. 그렇게 조금씩 땡땡이치는 기술을 길렀는지도 모릅니다.

물론 일을 게을리한다는 사실이 들통나면 근무 평판에 영향을 미칠 수 있으니 눈치껏 잘해야겠지요. 가장 좋은 방법은 화장실에 들어가 1~2분 정도 눈을 감고 휴식을 취하거나 비상구 계단으로 나와 바깥 공기를 마시는 것입니다. 아주 작은 일탈이지만 스트레스를 푸는 효과가 있습니다.

커피나 차를 끓이는 것도 좋은 아이디어입니다. 차를 끓이는 김에 다른 사람의 몫까지 끓이면 땡땡이를 친다기보다는 배려한다는 인상을 주어 여러분의 평판도 높아질 것입니다.

나이보다 젊은 옷차림으로
마음에 활력을

어느 정도 나이가 들면 생일을 맞이해도 기쁨을 느끼지 못합니다. 아니, 기쁘기는커녕 기분이 우울해지는 경우가 많죠. '또 한 살 더 먹었구나……'라는 사실을 마지못해 깨닫고, 자신이 늙었다는 것을 인식하게 되기 때문입니다.

나이에 상관없이 활력을 잃지 않으려면 어떻게 해야 할까요? 한 가지 방법은 가능한 한 젊은 시절의 라이프스타일을 유지하는 것입니다. 구체적으로는 나이보다 젊게 옷을 입는 거죠. 젊게 옷을 입으면 마음도 젊어집니다.

하버드대학의 엘렌 랭거(Ellen Langer)는 아주 독특한 실험을 했습니다. 먼저 실험 참가자들을 일주일 동안 뉴잉글랜드에 있는 한 외딴 호텔에 머물게 했습니다. 그 호텔은 실험을 위해 대대적으로 개조되어 집기, 기물, 인테리어 등 모든 것이 20년 전의 모습이었습니다. 70~80대 참가자들에게는 그곳에서 당시로 돌아간 것처럼 생활하게 했습니다.

일주일 동안 호텔에 머물렀던 참가자들은 같은 연령대의 비교군에 비해 관절 유연성이 높아지고, 팔다리가 잘 움직였으며, 걸음걸이도 탄탄해지고, 자세도 좋아졌습니다. 게다가 호텔에 투숙한 참가자의 사진을 외부인에게 보여줬더니 비교군보다 훨씬 '젊다'고 평가받았습니다. '정어리 대가리도 믿기 나름이다'란 말이 있는데, '나는 젊다'고 생각하면 정말로 젊어진다는 설이 실증된 사례라고 볼 수 있습니다.

옷을 사러 갈 때는 점원에게 "10살 정도 어려 보이는 옷으로 골라주시겠어요?"라고 부탁해봅시다. 10살이 아니라 20살 정도 젊어 보이는 옷도 좋겠지요. 미용실에 갈 때도 "젊어 보이는 헤어스타일로 해주세요"라고 주문합시다. 겉모습을 젊게 하면, 우리의 몸과 마음도 정말로 젊어집니다.

몸을 젊게 유지하는 것에 거부감이 든다면, 넥타이나 속옷이나 손목시계만이라도 젊은 사람이 착용하는 제품으로 바꿔보는 것도 좋겠지요. 조금이라도 젊은 사람을 의식하고 가꾸면 정신적으로도 매우 젊어질 것입니다. 옷을 젊게 입으면 기분도 젊어지고 마음에 활력이 넘칩니다. '나는 늙었다'고 생각하면 기분도 우울해지고 정력적인 활동을 하지 못합니다.

한번 죽기 살기로
일해본다

일과 노는 것의 균형을 맞추는 것도 중요하지만, 노는 건 은퇴한 후에도 충분히 할 수 있으니 일할 수 있을 때는 무조건 열심히 일합시다.

왜 열심히 일하는 게 좋을까요? 어떤 업종이든 열심히 일하면 그 공을 인정받아 출세하거나 수입이 오르기 때문입니다.

아무리 일머리가 없는 사람이라도 남보다 두 배로 일하면 반드시 그 노력이 성과로 이어집니다. 남보다 두 배, 세 배로 일하면서도 수입이 늘지 않는 사람은 거의 없습니다. 수입이 늘면 스트레스도 거의 받지 않게 됩니다. 돈이 많으면 심리적으로 여유가 생깁니다.

카네기멜론대학의 셸던 코헨(Sheldon Cohen)은 1983년, 2006년, 2009년에 실시한 전국 규모의 조사를 바탕으로 '수입이 많은 사람일수록 스트레스를 덜 받는다'는 결과를 얻었다고 보고했습니다. 스트레스를 많이 받는 사람은 수입이 적은 사람입니다. 또한 코헨은 일이 없는 실업자도 스트레스를 많이 받는다는 결과를 얻었습니다.

돈이 없으면 '무슨 일이라도 생기면 어떻게 하지?'라는 불안을 떨치지 못합니다. 금전적으로 여유가 있어야 사람은 안심하고 생활할 수 있습니다. 일단 열심히 일해서 어느 정도 돈을 가지고 있어야 합니다. 젊은 시절에는 아무래도 노는 데 돈을 많이 쓰는데, 열심히 저금하세요. 조금씩이라도 저축하면 예금통장을 볼 때마다 자신감이 생깁니다.

개미와 베짱이 우화를 떠올려보세요. 돈이 없는 사람은 심리적 여유가 없어서 사소한 일에도 화를 냅니다. '부자는 싸움을 안 한다'는 말도 있습니다. 돈이 있으면 누가 무례하게 굴어도 화가 잘 나지 않아 웃으면서 흘려 넘길 수 있습니다. 여유가 없으니 일일이 신경에 거슬리는 것입니다.

다만 돈이 많은 게 스트레스 예방에 도움이 된다고 해도 도박이나 주식에 손을 대서는 안 됩니다. 돈을 벌고 싶다면 일에 전력을 다하세요. 그러면 틀림없이 월급이 늘 것입니다. 이것이 왕도입니다.

편한 길을 선택하려 하면 오히려 문제가 생기게 되니 부디 조심하세요. 지갑 속에 어느 정도 현금을 넣어두는 것도 좋겠지요. 넉넉하게 현금을 가지고 있으면 왠지 자신이 높은 지위를 가진 사람이 된 것 같아 심리적인 여유를 찾을 수 있으니까요.

'가족을 위해서'라고
생각한다

◆

    일을 시작할 때는 자신을 위해서라기보다 '가족을 위해서' 한다는 마음가짐을 가집시다. 자신보다 가족을 우선하는 사람은 스트레스를 잘 받지 않는다는 통계가 있기 때문입니다.

    캘리포니아대학 어바인 캠퍼스의 벨린다 캄포스(Belinda Campos)는 라틴계 173명, 유럽계 257명, 아시아계 642명의 대학생을 대상으로 조사한 결과, 자신보다 가족을 우선시하는 사람이 심리적으로 건강하고 스트레스를 덜 받는다는 사실을 발견했습니다.

    문화적 배경에 상관없이 라틴계든 유럽계든 아시아계든 자신보다 가족을 우선시하는 사람은 모두 심리적으로 건강했습니다. 다만 라틴 계는 원래 가족을 소중히 여기는 사람이 상대적으로 많고, 그래서인지 유럽계나 아시아계에 비해 전체적으로 성격이 밝다는 것도 알 수 있었습니다.

젊었을 때는 대충대충 살다가도 결혼하고 나서 다시 태어나는 사람이 있습니다. 아마도 그런 사람은 자신을 위해서라기보다는 '가족을 위해서'란 마음으로 생활하기 때문이겠지요. 자기만을 위해서는 그렇게 열심히 일하기 힘들지 모르지만, 사랑하는 가족을 위해서라고 생각하면 약간의 고난은 기꺼이 견뎌낼 수 있습니다.

매일 녹초가 될 때까지 일해도 집에 돌아와 아이의 얼굴을 보면 피로가 단번에 날아갑니다. 가족이란 존재는 우리에게 신묘한 힘을 줍니다. 스트레스에 관한 모든 연구는 기혼자들이 미혼자들보다 스트레스를 덜 받는다는 사실을 보여줍니다.

독신자들은 자신이 원하는 대로 살 수 있어 스트레스를 덜 받는다고 생각할 수도 있지만, 저는 독신자들이 기혼자들보다 스트레스를 덜 받는다는 사실을 보여주는 연구를 본 적이 없습니다. 결혼하면 독신일 때와 같지 않고 답답한 느낌이 들기도 하지만, 그래도 스트레스는 적습니다.

결혼에 실패한 사람이 없는 건 아니지만, 가족이란 존재는 우리에게 든든한 버팀목이 되어줍니다. 조금은 불쾌한 일이 있어도 아내나 남편, 혹은 아이의 얼굴을 보면 대개의 일은 가볍게 넘길 수 있습니다. 요즘 사람들은 결혼을 별로 하고 싶어 하지 않는다는 이야기도 들었는데, 좋은 인연을 만나면 꼭 결혼하기 바랍니다.

햇볕을 쬐며
비타민 D를 충전한다

날씨가 좋은 날에는 가능한 한 밖으로 나갑시다. 넓은 야외 공간에 있으면 마음도 가벼워지고, 거기에 '덤'과도 같은 또 하나의 효과도 기대할 수 있기 때문입니다. 그 덤이란 햇볕을 쬐며 비타민 D를 섭취할 수 있다는 것입니다.

비타민 D는 햇볕을 통해 피부에서 합성되는 특징이 있는 비타민입니다. 비타민 D는 생선을 먹는 걸로도 섭취할 수 있지만, 햇볕을 쬐는 것만으로도 간편하게 생성될 수 있습니다. 비타민 D를 섭취하면 우울증도 치유됩니다.

이란 테헤란대학의 나이에라(Nayera)는 40명의 우울증 환자에게 약 0.4밀리그램의 비타민 D를 섭취하게 하고, 2주마다 우울 증상을 측정

햇볕을 쬐면 체내에
비타민 D가 생성된다.

→ 우울감을 감소시킨다.

＼ 긍정적인 기분이 된다. ／

했습니다. 두 번째 그룹에게는 20밀리그램의 플루옥세틴(항우울제의 일종)을 똑같이 주었습니다. 나아가 세 번째 그룹은 비타민 D와 항우울제를 모두 복용하게 했습니다.

그 결과, 비타민 D는 항우울제와 마찬가지로 우울증을 감소시키는 효과가 있었습니다. 가장 효과가 있었던 것은 비타민 D와 항우울제를 모두 복용하는 그룹이었습니다.

일광욕하면 자연스럽게 비타민 D를 섭취할 수 있고, 그에 따라 기분이 좋아지는 것을 기대할 수 있습니다. '밖에 나가면 햇볕에 탈 것 같다'고 걱정하는 마음도 이해합니다. 요즘은 재택근무가 보편화되어 밖에 나가는 빈도가 줄어든 사람이 많으니 더욱 시간을 내서 밖으로 나가야 합니다.

참고로 비타민 D는 음식으로도 섭취할 수 있으나 한정된 식품에서만 섭취할 수 있습니다. 비타민 D가 함유된 식품으로는 멸치, 연어, 정어리, 장어 등의 생선을 꼽을 수 있습니다. 생선으로 섭취해도 좋지만, 생선만 먹어서 섭취하기에는 부담스러우니 일광욕을 추천합니다.

밖에 나가서 자연을 걷다 보면 자연의 풍경을 즐기면서 정신적으로 휴식할 수 있고, 몸도 튼튼해지고, 동시에 일광욕으로 비타민 D도 섭취할 수 있어 나쁠 게 없습니다.

긍정적인 기분을 느끼고 싶다면 밖으로 나갑시다. 맑은 날에는 더더욱 밖으로 나가봅시다.

긍정적인
일기를 쓴다

매일 자신에게 일어난 '행복한 일'이나 '감동적인 일'을 일기에 쓰면 마음도 풍요로워질 것입니다. 그런 긍정적인 일기를 꼭 써보세요.

좋은 일만 기록하는 일기를 쓰려고 하면 의식적으로 긍정적인 일을 찾게 됩니다. 일기를 쓰기 위해서는 소재가 되는 사건을 찾아야 해서 자연스럽게 긍정적인 일에 눈을 돌리게 되지요. 덕분에 아주 사소한 일에도 감격하거나 행복한 기분을 맛보게 됩니다. 예를 들어 '오늘은 맑은 날이었다'와 같이, 예전에는 마음에 두지 않았던 일에도 기뻐할 수 있습니다.

일기를 쓸 때 원망이나 질투와 같은 부정적인 일만 적는 사람도 있겠지만, 스트레스를 줄이는 데는 긍정적인 일기가 효과적입니다. 아주

긍정 일기를 쓴다

오늘은…

행복한 일
LUNCH 맛있어!

감동한 일
END
MOVIE

좋았던 일을 의식해서 찾아본다.

긍정적인 일에 주목하는 습관을 들인다.

긍정적인 사람이 된다.

중요한 지점이니 착오 없기 바랍니다.

서던메소디스트대학의 로라 킹(Laura King)은 대학생 81명에게 나흘 연속으로 20분 동안 에세이를 써달라고 요청했습니다. 단, 한 그룹에는 부정적인 일만을, 다른 그룹에는 가능한 한 밝은 미래에 대해 쓰도록 지시했습니다. 그로부터 3주 후에 심리적으로 얼마나 활기가 넘치게 됐는지 측정했고, 밝은 미래를 기록한 집단이 더 높은 점수를 받았습니다.

긍정적인 글을 쓰면 긍정적인 사람이 됩니다. '일기 쓰는 게 귀찮다'고 생각하는 사람도 있을 텐데, 아주 짧게 쓰거나 항목별로 적어도 상관없습니다. 2분만 써도 괜찮습니다. 그러면 누구나 쉽게 쓸 수 있지 않을까요?

　미주리대학의 채드 버튼(Chad Burton)은 대학생 49명에게 이틀 동안 딱 2분만 긍정적인 경험을 종이에 쓰게 했습니다. 그 결과, 스트레스가 줄고 몸이 여기저기 아프다는 불평도 줄어든다는 것을 알게 되었습니다.

　고작 2분으로 건강해질 수 있다니 참 놀라운 일입니다. 참고로 버튼이 쓴 논문의 부제는 '2분의 기적'입니다. 2분이면 충분하다는 것은 아이들이 쓰는 그림일기 수준이라도 상관없다는 뜻입니다. 항목별로 한두 개씩 쓰는 정도라면 게으른 사람이라도 이럭저럭 해낼 수 있지 않을까요?

　'좋은 일이 매일 있는 것은 아니다'라고 생각할지 모르지만, 긍정적인 일기를 써보면 여러 가지 긍정적인 일상의 모습을 발견할 수 있습니다. 꼭 한번 써보기 바랍니다.

5 장

부정적인 자신을
업데이트한다

나 자신에게
잘해주자

◆

　　부정적인 생각을 하는 사람은 '자신에게 엄격한' 경향이 있습니다. 보통은 '다른 사람에게 엄격하고 자신에게 친절한' 경우가 많은데, 부정적인 사고를 하는 사람은 반대로 자신에게 매우 엄격하다고 합니다.

　　좀 더 자신을 아껴줍시다. 다른 누구도 아닌 자기 자신입니다. 여러분은 자신을 더 많이 사랑해야 합니다. 자기혐오를 멀리하고 늘 '나는 괜찮아!'라고 생각해보세요.

　　네덜란드 마스트리흐트대학의 엘크 스미츠(Elke Smeets)는 실험을 통해 3주만 자기 자신에게 관대하게 대해도 과도한 자기비판의 문제를 해결할 수 있다는 사실을 밝혀냈습니다. 스미츠는 자신에게 잘해주기로 한 그룹에 첫날 팔찌를 주고, 첫 주에 자신에 대한 비판적 생각이 떠오를 때마다 팔찌를 오른팔 손목에서 왼팔 손목으로 바꿔 끼게 했습니다. 이 작업은 자기비판 인식을 높이기 위한 것이었습니다.

2주째는 '위로 기록'을 쓰게 했습니다. 자기비판을 하거나 자기혐오에 빠질 때마다 '괜찮아, 신경 쓰지 마!', '괜찮아, 누구나 나와 같은 실수를 하니까!'라는 기록을 남기게 했습니다. 3주째에는 잠자리에 들기 전에 자신에게 사랑한다는 메세지를 세 번 전하게 했습니다. '나는 세상에서 내가 제일 좋아'라는 식으로 말이지요.

비교를 위해 통제 조건을 수행하는 그룹에는 3주 동안 시간 관리 방법을 배우게 했습니다. 시간 활용법에는 능숙해질지 모르지만, 고민을 해결하는 것과는 관계없는 일을 하게 한 것입니다.

3주간의 실험이 끝나고 심적 상태를 살펴본 결과, 자신에게 잘해주기로 한 조건에서는 자신을 사랑하게 되었고, 성격도 낙관적으로 변화하며, 매사에 크게 고민하지 않는 긍정적인 변화가 나타났습니다. 자신에게 잘해주는 것이 효과적이란 사실이 확인된 셈입니다.

　그러니 그렇게 자신에게 화내지 마세요. 다른 사람과의 관계는 끊을 수 있지만 자기 자신과는 평생 함께 가야 합니다. 자기 자신에게 진정으로 잘해줘야 합니다.

　'난 형편 없는 인간이야', '난 항상 실수만 해'라고 비판적인 생각이 떠오르면 '하지만 그런 점이 사랑스러워'라는 식으로 반드시 긍정적인 말도 해주세요.

　설령 일이 잘 풀리지 않더라도 "괜찮아, 다음에는 잘될 거야!", "좀 더 자신감을 가져!"라고 자신을 격려하거나 용기를 북돋는 말을 하는 것이 중요합니다. 그렇게 자신을 받아들이고 사랑하면 사소한 일로 풀이 죽거나 마음에 상처를 입지 않을 테니까요.

자신을 사랑하는 법을
배운다

나르시시스트는 스트레스를 별로 받지 않습니다. 뭔가 불쾌한 일이 있어도 조금도 동요하지 않지요. 일에 실패해도 '그래서 뭐?' 하고 태연한 얼굴을 하는 것이 보통입니다. '나 자신을 사랑한다', '나 자신이 자랑스럽다'고 말할 수 있는 사람은 스트레스를 별로 느끼지 않습니다.

컬럼비아대학의 수마티 굽타(Sumati Gupta)는 자기 평가가 높은 사람일수록 부모가 이혼해도, 사고나 부상을 당해도, 강도를 당하는 등 트라우마가 생길 만한 사건에 휘말려도 불안이나 우울을 잘 느끼지 않는다는 조사 결과를 발표했습니다.

사소한 일로 고민하는 사람은 더욱 나르시시스트가 되어야 합니다. 자신을 평가할 때 가능한 한 높은 점수를 주세요.

자신을 좋아하면 스트레스가 줄어든다.

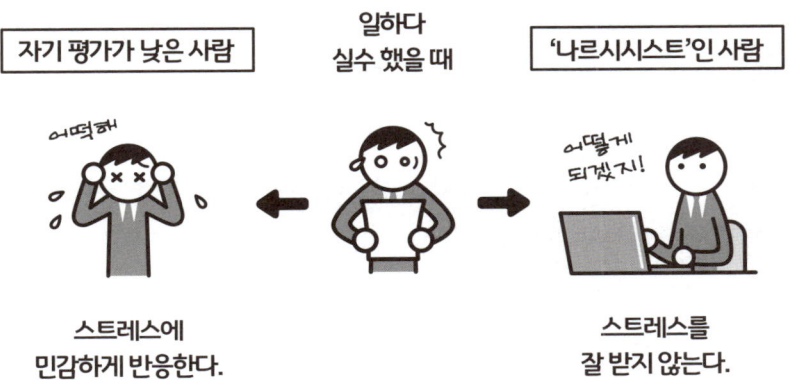

이런 식으로 자신의 무엇을 평가하든 '적어도 평균 이상'이란 생각을 가져야 합니다. 조금이라도 자신을 좋아할 수 있으면 스트레스를 크게 느끼지 않으니까요.

자신에 대한 평가라서 후한 점수를 줘도 상관없습니다. 다른 사람에게 피해를 주는 게 아니니까요. 어디까지나 자기 평가이므로 얼마든지 점수를 부풀려도 됩니다.

세상에는 뛰어난 미남미녀가 아님에도 외모에 자신감을 가진 사람이 있습니다. 그런 사람을 만나면 '왜 저래' 하고 나쁘게 받아들이는 경우가 많은데, 오히려 '나도 본받자'라고 생각해야 합니다. 왜냐하면 그런 사람은 스트레스도 받지 않기 때문입니다.

인터넷에서 '자기애 척도', '나르시시스트 테스트' 등을 검색해보면 몇 개 심리 테스트를 찾을 수 있습니다. 그런 테스트를 한 번 받아보세요. 만약 나르시시스트 정도가 낮은 것 같으면 스트레스에 민감하게 반응하는 타입이란 것을 알 수 있습니다. 그런 사람이라면 좀 더 나르시시스트가 되려고 해보세요.

조금만 '적당히'가 되어보자

스트레스를 자주 받는 사람들에게는 공통점이 있습니다. '머리가 너무 좋다'는 것, 그래서 미래를 지나치게 걱정하는 탓에 괴로움에 시달리는 것입니다.

캐나다 온타리오주에 있는 레이크헤드대학의 알렉산더 페니(Alexan-der Penney)는 126명의 대학생에게 전반성 불안장애 검사, 걱정지수 검사, 지능 검사를 받게 했습니다. 그 결과, 아주 재미있는 사실을 알게 되었습니다. 늘 불안에 시달리고 걱정이 많은 사람 중에 머리 좋은 사람(지능이 높은 사람)이 많다는 것입니다.

사람들은 대개 똑똑한 걸 선호하지만, 머리가 좋다고 해서 반드시 행복한 것은 아닌 것 같습니다. 머리가 좋은 사람은 머리가 좋은 만큼

아주 사소한 문제에도 신경을 씁니다. 확률적으로 말하자면 거의 일어나지 않을 일조차 '만약에 일어난다면……'이라고 가정하느라 신경이 쓰여 견딜 수가 없습니다.

따라서 해결책은 하나밖에 없습니다. 네, 더욱 바보가 되는 겁니다. 사소한 일에 신경 쓰지 않고 융통성 있게 생각하는 것입니다. 100번 중에 다섯 번도 일어나지 않을 일을 두려워하지 말고, 그런 일은 이제 거의 일어나지 않을 거라 믿고 아예 생각하지 않는 것입니다.

사소한 일이나 너무 먼 미래의 일은 생각하지 않아도 되지 않을까요? 사실인지 모르겠지만, 먼 옛날에도 사람들은 내일을 생각하지 않고 돈을 썼다고 합니다. 있으면 있는 대로 다 쓴다는 뜻을 가진 '하룻밤을 넘긴 돈은 없다'는 격언만 봐도 알 수 있지요.

노후나 저축 등을 전혀 고려하지 않는다는 점에서는 정말 바보 같지만, 미래를 생각하지 않고 그저 하루하루를 산다는 자세를 갖는 게 정신적으로는 더 건강할지도 모릅니다.

요즘 사람들은 너무 똑똑해서 먼 미래까지 걱정하는 것 같습니다. 아무리 그래도 아직 10대인 젊은이가 노후를 걱정하는 건 지나치다고 생각합니다. 좀 적당히 해도 좋지 않을까 생각합니다.

걱정 많은 성격은
'우수하다'는 증거

별거 아닌 일에도 겁을 먹는 자신이 싫다면 '걱정이 많다'는 꼬리표로 자신을 평가하지 말고 '우수하다'는 꼬리표로 자신을 바라보세요. 앞서 말했듯이 걱정이 많은 사람은 머리가 좋은 사람이기도 합니다.

이왕이면 '걱정이 많은 사람'이라는 부정적인 방향이 아니라 '머리가 좋은 사람'이라는 긍정적인 방향으로 자신을 평가해야 합니다. 그래야 걱정이 많은 자신을 거부하는 것이 아니라 기꺼이 받아들일 수 있습니다.

세간에 넘쳐나는 자기계발서에서는 '비관적으로 생각하지 말라', '더 낙관적으로 생각하자'라고 말합니다. 하지만 비관적이거나 걱정 많은 사람들이 이런 조언을 행동에 옮기기란 그리 쉬운 일이 아닙니다.

'걱정이 많은 사람'은 '우수한 사람'

하루아침에 낙관적인 사람이 되기는 불가능하므로 걱정이 많은 자신을 그대로 받아들이는 편이 좋습니다. 그러기 위해서는 자신을 다른 틀로, 즉 '지적인 사람', '머리가 좋은 사람'이란 틀로 파악해봅시다.

미국 가톨릭대학의 후리 시디크(Hoorie Siddique)는 로스쿨에 다니는 대학생 184명(남성 91명, 여성 93명)에게 걱정이 많은 성격인지 스스로를 측정하는 한편, 최종시험 성적과의 관련성을 조사했습니다. 그 결과, 걱정이 많은 사람일수록 최종 시험에서 좋은 성적을 거둔다는 사실이 밝혀졌습니다.

역시 걱정이 많은 사람이 우수합니다. 걱정이 많은 사람일수록 미래를 불안하게 느끼고 그 불안을 피하기 위해 사전 준비를 철저히 합니다.

"나는 남보다 두 배는 열심히 공부해야 학점을 딸 수 있어."

"나는 기억력이 나빠서 예습과 복습을 반드시 해야 해."

걱정이 많은 사람은 준비에 여념이 없습니다. 그래서 뚜껑을 열었을 때 매우 좋은 성적을 거두는 것입니다. 걱정 많은 성격은 일반적으로 부정적으로 여겨지지만, 미래를 불안하게 느끼고 그 불안을 없애기 위해 적극적으로 준비하는 유형이기도 하다는 점에서 결코 나쁜 성격은 아닙니다.

만약 여러분이 걱정이 많은 성격으로 고민하고 있다면 걱정에도 좋은 점이 있다는 것, 특히 지적이고 우수하다는 면에 주목해보기 바랍니다. 그러면 걱정 많은 자신을 자랑스럽게 받아들일 수 있을 것입니다.

마음을 가다듬고
'자, 다음!'을 생각한다

사랑하는 사람과 헤어질 때, 우리는 큰 상처를 받습니다. 하지만 언제까지나 꾸물거리고 있어서는 안 됩니다. 가능한 한 빨리 새로운 연인이나 좋아하는 사람을 찾아보세요. 이미 끝난 일로 고민하기보다는 가슴 설레는 새로운 만남을 갖는 것입니다.

퀸스에 있는 뉴욕시립대학의 클라우디아 브룸바(Claudia Brumbaugh)는 연인과 헤어지자마자 새로운 사람을 만나기 시작한 77명의 특징을 조사했습니다. 이들은 평균적으로 헤어진 지 약 2개월 만에 새로운 연인을 만났습니다. 브룸바가 조사한 바에 따르면, 바로 새 애인을 사귀는 사람에게는 다음과 같은 특징이 있었다고 합니다.

① 자신을 매력적이라고 생각한다.

② 전 애인이 다시 만나자고 말해도 응할 마음이 전혀 없다.

③ 전 애인과 연락하거나 만나지 않는다.

끝맺음이 확실한 것입니다. 이런 마음가짐을 가진 사람일수록 새로운 애인도 금방 만나는 것 같습니다. 또한 브룸바는 이런 사람일수록 심리적으로 건강하다는 사실을 밝혀냈습니다.

브룸바에 따르면, 새로운 만남을 추구하는 것은 매우 유익한 일이라고 합니다. 새로운 만남은 괴로운 과거의 추억을 새롭게 만들어 고민을 한꺼번에 날아가게 합니다.

연인과 헤어지더라도 자신을 탓하지 마세요. '내가 이런 성격이라서 버림받은 거야'라고 생각해서는 안 됩니다. 헤어진 이유도 생각할 필요가 없고, 어쩌다 보니 운명의 장난으로 그런 사람과 만난 거라고 생각해주세요. 중요한 건 '자, 다음!' 하고 전환하는 자세입니다. 옛 연인은 신경 쓰지 말고 빨리 새로운 사람을 찾아보세요.

그러기 위해서는 자신이 아주 매력적인 사람이라고 생각해야 합니다. 자신이 매력적이고 긍정적이어서 금방 새로운 애인이 생길 거라고 믿어야 하죠.

미련하게 굴지 마세요. 전 연인이 떠오르는 사진이나 선물 등은 전부 처분하고, 스마트폰에 있는 전 애인의 사진도 모조리 삭제합니다. 내친김에 연락처도 지워서 이쪽에서 절대 먼저 연락하지 않도록 해둡시다. 그래야 마음도 홀가분해져서 안심하고 새로운 인연을 찾을 수 있습니다. 과거에 얽매이지 마세요.

자존감은 머지않아
높아질 거라고 생각한다

　자기 자신을 싫어하거나 자신감이 없는 사람이 있습니다. 그런 사람은 평생 자존감이 낮은 상태로 살아가야 할까요? 아뇨, 절대 그렇지 않습니다.

　자존감은 시간이 지나면서 점점 변화합니다. '나도 언젠가는 변하겠지' 하고 안심해도 됩니다. 아주 사소한 계기로 자존감은 달라집니다. 손님이 고맙다고 말해주거나 임원이 칭찬 한마디만 해줘도 자존감이 몰라보게 높아집니다.

　런던대학의 버니스 앤드루스(Bernice Andrews)는 32~56세 여성 102명의 자존감 변화를 7년간 추적 조사했습니다. 그러자 조사를 시작했을 때 자존감이 낮고 우울감이 크다고 응답한 79퍼센트의 여성 중 불과

4퍼센트만이 7년 후에도 그 상태를 유지했고, 나머지 96퍼센트는 우울 경향이 사라졌습니다.

인생에서 갖가지 사건을 겪으며 우리의 자존감은 끊임없이 변화합니다. 사람은 고정된 상태를 유지하지 않습니다. 96퍼센트의 사람들(거의 모든 사람)은 머지않아 자존감이 높아지니 걱정할 필요가 없습니다. 자신의 성격이 쭉 그대로라고 생각하면 우울해지지만, 현실에서는 그런 일이 거의 일어나지 않습니다. 그 사실을 알아두는 것만으로도 마음이 상당히 편해지지 않을까요?

스포츠 선수가 갑자기 컨디션이 나빠지는 경우가 있습니다. 바로 슬럼프라고 합니다. 슬럼프에 빠졌을 때 당황해서 뭔가를 하려고 하면 슬럼프가 더 길어집니다. 그럴 때는 '에이, 어쩔 수 없지'라고 생각하고 자연스럽게 내버려두면 도리어 슬럼프에서 빨리 탈출할 수 있습니다.

자존감도 마찬가지입니다. 자존감이 낮다고 겁낼 필요는 없습니다. 그냥 내버려 두세요. 아무것도 하지 않고 그냥 내버려두면 자존감이 원래대로 돌아오거나 예전보다 높아질 것입니다. 그냥 기다리면 됩니다.

우울해질 것 같으면 '머지않아 자존감도 올라갈 거야, 괜찮아'라고 자신에게 말해봅시다. 실제로 그렇게 될 거라서 그날을 즐겁게 기다리면 됩니다.

'소극적'이라고
공언한다

성격이 내성적이라 고민하고 있나요? 소심해서 자기가 먼저 적극적으로 말을 걸거나 친구를 사귀지 못해 고민하는 사람이 있습니다. 하지만 내성적인 건 병이 아닙니다. 이 점을 분명히 이해해야 합니다.

수줍은 행동과 아주 비슷한 증상으로 '사회불안장애'가 있습니다. 예전에는 '대인공포증' 혹은 '적면공포증'이라고 불리던 것이지요. 그래서 사회불안장애를 수줍음을 타는 것과 비슷하다고 여기겠지만 전혀 그렇지 않습니다.

피츠버그대학의 사무엘 터너(Samuel Turner)는 수줍음과 사회불안장애는 엄연히 다르다고 조언합니다. 수줍음이 많은 사람은 낯선 사람과 처음 만나면 불안하고 주눅이 들지만, 몇 번 얼굴을 마주하면 불안이

점차 누그러집니다. 하지만 사회불안장애는 사람과 친해질수록 불안이 커집니다. 이 차이는 매우 중요합니다.

낯을 가리고 처음 만나는 사람과 잘 이야기하지 못한다고 해서 걱정할 필요 없습니다. 누구나 조금은 내성적인 면이 있어서 '수줍음 타는 것'을 정신질환으로 보지 않습니다. 처음 만난 사람과 쉽게 마음을 터놓을 수 없다고 합시다. 하지만 그런 걸로 고민할 필요 없습니다. 처음 만난 사람과 바로 친하게 지낼 수 있는 사람은 거의 없기 때문입니다.

말을 잘하지 못한다고 해서 우울해할 필요도 없습니다. 처음 만난 사람과 속을 터놓고 말을 주고받을 수 있는 사람은 거의 없다고 봐야 합니다. 초면에도 청산유수 같이 이야기를 할 수 있는 사람이 이 넓은 세상에는 얼마든지 있겠지만, 그런 사람을 목표로 삼을 필요는 없습니다.

낯선 사람과 처음 만났을 때 주눅이 들거나 수줍어도 신경 쓰지 않아도 됩니다. 수줍음이 많은 사람이라면, 상대에게 먼저 "난 수줍음이 많아서 말을 잘하지 못해요"라고 말하는 게 좋습니다. 수줍은 성격이라고 솔직하게 말하면 상대방에게 좋은 인상을 줄 수 있습니다.

어쩌면 상대방도 여러분을 처음 만나 긴장과 불안을 느끼고 "저도 수줍음이 많아요"라고 대답할지도 모릅니다. 다시 한 번 말하지만, 수줍음은 정신질환이 아닙니다. 일상적인 현상이니 걱정할 필요가 없다는 걸 기억하세요.

불안하게 느껴지는 일은
실제로 해보자

불안하게 느껴지는 일도 실제로 해보면 그렇게 두려워할 필요가 없다는 걸 알 수 있습니다. 예를 들어, 수술받은 적이 없는 사람은 수술받는 것에 불안을 느낄지도 모르지만, 막상 받아보면 '뭐야, 별거 아니잖아'라고 생각하게 됩니다.

헌혈도 마찬가지입니다. 인생에서 단 한 번도 헌혈해본 적이 없는 사람은 피를 뽑는다는 사실에 겁을 먹을지도 모르지만, 시험 삼아 헌혈해보면 맥이 빠질 정도로 별일 아니라는 것을 알게 됩니다.

행동 치료에는 '노출 치료'라고 불리는 방법이 있습니다. 이것은 불안하게 느껴지는 것을 일부러 시도해보는 기술입니다. 실제로 해보면 별거 아니라는 사실을 알게 되어 여러 가지 일을 시도해보는 동안 불안감이 줄어들게 됩니다.

옥스퍼드대학의 애드리언 웰스(Adrian Wells)는 사회불안장애 진단을
받은 사람들에게 노출 치료를 시행했습니다. 먼저 불안을 느끼는 것들
의 목록을 작성하고, 각각에 대한 불안의 크기를 100점 만점으로 매기
게 했습니다. 다음과 같은 식입니다.

- 사람들 앞에서 책을 낭독한다: 10점
- 혼잡한 가게에 혼자 들어가 본다: 25점
- 모르는 사람에게 '안녕하세요'라고 인사한다: 70점
- 모르는 사람에게 '차 한잔하시겠습니까?'라고 물어본다: 100점

목록을 작성하고, **불안의 강도가 덜한 것부터 하나씩 시도해봅니
다.** 그리고 실제로 행동하기 전과 후에 불안의 크기를 각각 측정합니
다. 처음에는 70~80점이었던 불안이 10~20점으로 줄어든다고 웰스는
밝히고 있습니다.

대부분 불안하게 느껴지는 일이 있으면, 그 일을 피하려고 합니다.
예를 들어 사람들 앞에서 발표하는 것이 서툰 사람은 자신이 발표해야
함에도 이를 다른 이에게 미룹니다. 하지만 도망치기만 해서는 불안을
없애지 못합니다.

불안을 없애고 싶으면 죽기 아니면 살기란 심정으로 직접 해보는
수밖에 없습니다. 해보면 별것 아니라는 것을 실감할 수 있고, 불안도

불안하게 느껴지는 일을 일부러 해본다

① 불안하게 느끼는 일과 그 불안의 크기를 점수로 적는다.

② 점수가 낮은 것부터 실행해본다.

책을 낭독한다: 10점
혼잡한 가게에 혼자
들어간다: 25점…

책 낭독

실제로 해보면
불안이 줄어든다.

없앨 수 있습니다. 그렇다고 해도 불안의 크기가 100점인 행동을 준비 없이 하는 건 불가능하니, 우선은 불안의 크기가 5점이나 10점 정도인 '어떻게든 할 수 있지 않을까?' 싶은 행동에 도전해봅시다.

그 일을 해내면 다음은 20, 30점으로 불안의 크기가 높은 것에도 조금씩 도전해봅니다. 스스로 과제를 정하고, 할 수 있는 일부터 조금씩 해나가다 보면 불안하게 느껴지는 일도 수월하게 해낼 수 있습니다.

시간이 있으면,
일단 밖으로

동물원의 크기에 따라 다르겠지만, 동물원에 사는 동물 대부분은 자연에서 살 때보다 좁은 공간에서 살아야 합니다. 그래서인지 왠지 기운이 없어 보입니다. 특히 몸집이 큰 동물은 자유롭게 돌아다닐 수 없어서 더 가련하게 느껴집니다.

인간도 그렇지만, 좁은 공간에 계속 있으면 구금 반응(자유를 구속당했을 때 생기는 정신장애의 일종)이 일어납니다. 조금이라도 시간이 나면 일단 밖으로 나가도록 하시다. 야외에서 보내는 시간이 길수록 마음에도 여유가 생깁니다.

핀란드 탐페레대학의 칼레비 코펠라(Kalevi Korpela)가 통신, 정보기술, 호텔, 교육 등의 산업에서 일하는 527명을 조사한 결과, 야외에 있

야외에 있는 시간을 늘리는 요령

집에 갈 때는
멀리 돌아서 간다.

밖에서
점심을 먹는다.

틈날 때마다
밖으로 나온다.

는 시간이 길수록 마음이 편안해지고 삶의 만족도도 높아지는 경향이 있다고 합니다.

꼭 야외에서 어떤 활동을 하지 않아도 됩니다. 일단 밖에 나가 있기만 해도 상관없습니다. 야외에 있기만 해도 마음이 상쾌해지고 스트레스도 줄어듭니다. 외근하는 사람은 야외에서 일하는 시간이 길어서인지 내근하는 사람보다 스트레스를 덜 받습니다. 외근은 힘들어 보이지만 정신 건강에 더 좋다고 할 수 있습니다.

바깥에 있는 시간은 마음먹기에 따라 얼마든지 늘릴 수 있습니다. 바로 집으로 돌아가지 말고 조금 멀리 돌아가는 길을 선택하거나 점심은 일단 밖에 나가서 먹는 식으로요. 늘리려고 마음만 먹으면 야외에서의 시간도 나름대로 확보할 수 있다고 생각합니다.

야외에 나가 산책하면 여러 가지 새로운 발견을 할 수 있습니다. 지금까지 몰랐던 가게를 알게 되거나 작은 공원을 발견하는 등 재미난 발견을 할 수 있습니다. 그렇게 호기심을 충족시키는 것도 마음을 건강하게 합니다.

그러니 점심시간에는 일단 밖으로 나가세요. 사무실이 도심에 있어 자연을 찾아보기 힘들다고 하지만 실내보다는 훨씬 넓은 공간을 즐길 수 있어 스트레스가 상당히 줄어들 것입니다. 조금이라도 시간이 나면 밖으로 나가세요. 5분이든 10분이든 상관없으니 잠시 밖으로 나가 아무 생각 없이 멍하니 있어 보세요.

자기만의 은신처를 찾아보는 것도 재미있겠지요. 사람들이 거의 다니지 않는 조용한 곳을 발견하면 그곳을 자신의 긴급대피 장소로 삼는 것도 좋습니다.

뉴스를
보지 않는다

밀가루 알레르기가 있는 사람은 밀가루를 먹지 않게 조심해야 합니다. 밀가루만이 아니라 알레르기를 일으키는 물질(알레르겐)은 가능한 한 피하는 것이 현명합니다. 스트레스에도 이 방법을 적용할 수 있습니다.

먼저 스트레서(stresser, 스트레스를 일으키는 원인)에서 최대한 거리를 두고 가까이 가지 않는 게 좋습니다. 애초에 스트레스를 일으키는 원인과 접촉하지 않거나 접촉하는 빈도를 최대한 줄이면 스트레스도 느끼지 않습니다. 당연한 이야기입니다.

TV 뉴스를 예로 들어 봅시다. 텔레비전 뉴스를 보고 있으면 왠지 짜증이 나거나 우울한 기분이 들지 않나요? '그렇게 느끼지 않는다'고 말

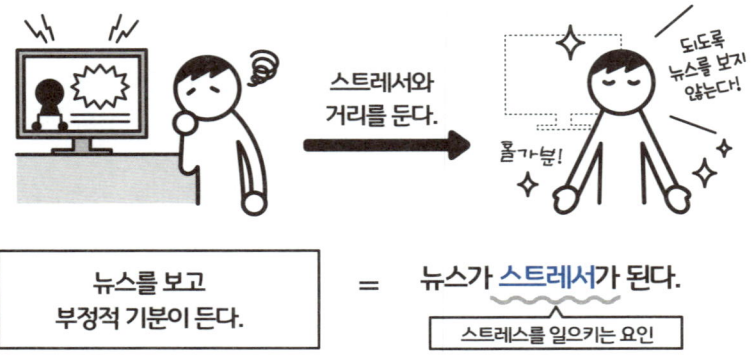

뉴스와 거리를 둔다

스트레서와 거리를 둔다.

되도록 뉴스를 보지 않는다!

홀가분!

| 뉴스를 보고 부정적 기분이 든다. | = | 뉴스가 스트레서가 된다. |

스트레스를 일으키는 요인

하는 사람은 뉴스를 봐도 상관없지만, 뉴스를 보면 부정적인 기분이 드는 사람에게는 뉴스가 스트레스를 유발하는 스트레서가 됩니다. 이런 사람은 알레르기가 있는 사람이 알레르겐을 피하는 것과 마찬가지로, 뉴스를 보지 않으면 스트레스를 상당히 줄일 수 있습니다.

컬럼비아대학의 제니퍼 아헌(Jennifer Ahern)은 전화번호부에서 무작위로 전화를 걸어 2001년 9월 11일 미국 테러 사건 이후 일주일 동안 TV 뉴스를 얼마나 많이 보았는지 물었습니다.

뉴스에서는 건물의 붕괴, 도망치는 사람들, 빌딩에서 뛰어내리는 사람 등 충격적인 영상이 계속해서 흘러나왔습니다. 그런 영상을 많이 본 상위 30퍼센트의 사람들은 뉴스를 별로 보지 않는 하위 30퍼센트에 속하는 사람들보다 외상 후 스트레스장애(PTSD)에 걸릴 확률이 무려 2.32배 높았습니다.

부정적인 생각이 드는 영상을 보고 있으면, 스트레스가 생기게 마련입니다. 그러니 그런 영상이 나오는 뉴스는 아예 접하지 않는 편이 좋습니다.

방송사를 비롯한 미디어 회사들은 시청률을 올리기 위해 매우 충격적이고 센세이셔널한 영상이 가득 담긴 프로그램을 제작합니다. 시청률을 올리기 위해서는 어쩔 수 없을지도 모릅니다. 그런 영상을 봐도 동요하지 않는 사람이라면 모를까, 평범한 사람들에게 충격적인 영상은 스트레스 요인이 되므로 피하는 것이 좋습니다.

'사회인이면 신문 정도는 읽어야 한다'거나 '뉴스는 매일 봐야 한다'고 말하지만, 뉴스나 신문을 보지 않아도 전혀 문제 없습니다. 저 역시 스트레스 요인이 된다는 사실을 알고 있어 TV 뉴스를 보지 않고 신문도 읽지 않습니다.

안 좋은 일을 겪고 나면
다음부터는 별로 움츠러들지 않는다

◆

트라우마가 일어날 법한 사건을 한번 경험하고 나면, 두 번째는 그다지 신경 쓰지 않게 되는 것이 사람의 마음입니다. 이미 '경험이 있다'고 하면 처음과 같은 심리적 동요가 사라집니다.

서던캘리포니아대학의 밥 나이트(Bob Knight)는 1994년 노스리지 지진(미국 역사상 최대 규모의 지진)에 휩쓸린 30세에서 102세 사이의 166명을 대상으로 스트레스 반응을 조사했습니다. 그 결과, 노인일수록 우울증 등 스트레스 반응이 약한 것으로 나타났습니다.

왜 노인들은 지진 후 스트레스를 덜 받았을까요? 나이트의 연구에 따르면, 나이 든 사람들은 인생을 살며 다른 엄청난 규모의 지진을 여러 번 경험하기 때문이라고 합니다. 물론 대규모 지진은 생각만 해도 끔찍한 일이지만, 그런 대지진을 나름대로 몇 번 경험하고 나면 심리적 손상을 크게 받지 않습니다.

만약 트라우마를 느낄 일이 있었다 해도 낙담해서는 안 됩니다. 오히려 '운이 좋았다'고 생각하는 편이 좋습니다. 한 번이라도 트라우마가 생길 만한 사건을 경험하면 적어도 장래에 같은 사건에 휘말려도 트라우마를 느끼지 않기 때문입니다. 예를 들어, 이성과 사귀다 헤어지는 것은 분명 괴로운 일이지만, 한 번 이별을 경험하면 '별것 아니구나'라는 깨달음을 얻을 수 있습니다. 만약 다음에 또 헤어지더라도 두 번째 이별로 트라우마를 느끼는 일은 적을 것입니다.

젊을 때는 여러 가지 일을 해보고, 그중 트라우마를 겪는다 해도 대환영하며 받아들입시다. 쓰라린 경험일지라도 일단 경험하고 나면, 정신적으로도 강해져서 사소한 일로는 풀이 죽지 않습니다.

정신적으로 약한 사람은 어떤 일에도 도전하지 않는 사람입니다. 도전하지 않으면 실패할 일도 없지만, 경험을 쌓을 수도 없습니다. 설령 실패해도 유익한 경험이 되므로 새로운 것에 도전해보는 것이 좋습니다.

|||| 6 장 ||||

언제나 자기답게
있기 위해서

업무량을
줄인다

혼자 감당할 수 없을 정도로 너무 많은 일을 맡아서 하지 맙시다. 마음이 무너질 정도로 일을 떠맡아서는 안 됩니다. 스케줄이 빡빡한 사람은 주의해야 합니다. 일정이 비는 게 싫어서 계속해서 일을 집어넣는 사람도 있는데, 이런 사람일수록 스트레스가 상당히 쌓였다는 사실을 자각해야 합니다.

코네티컷대학의 주디스 파이필드(Judith Fifield)는 류머티즘 관절염을 앓고 있는 27명을 대상으로, 20일 동안 업무 기록과 류머티즘 증상을 기록했습니다. 그 결과, 업무 스트레스가 많은 날일수록 류머티즘 증상이 심해지는 것으로 나타났습니다. 참고로 업무 스트레스가 많은 날은 다음과 같은 날입니다.

① 같은 일을 계속해야 한다.

② 실력 이상의 기술이 요구된다.

③ 스스로 일하는 방식을 통제하지 못한다.

④ 업무량이 많다.

본인이 감당할 수 없을 정도로 많은 일을 맡아서는 안 됩니다. 인간인 이상 언제나 100퍼센트의 힘을 내야 해낼 수 있는 일을 계속하는 건 무리입니다. 가능하면 70~80퍼센트 정도의 힘으로도 충분히 해낼 수 있는 일을 맡는 것이 포인트입니다.

의사는 우울증에 걸린 사람에게 우선 일을 줄이라고 말합니다. 일을 줄이기만 해도 스트레스가 상당히 완화되기 때문입니다. 따라서 우

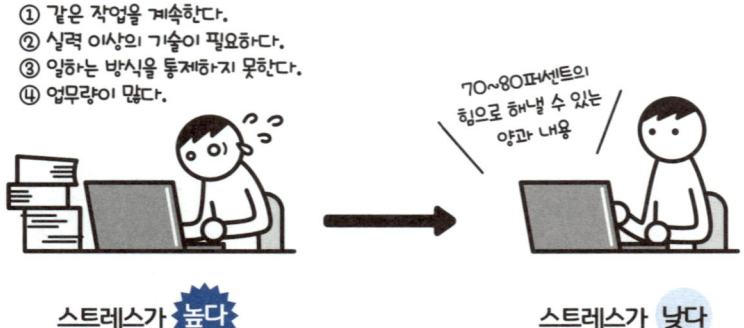

업무량을 줄인다

① 같은 작업을 계속한다.
② 실력 이상의 기술이 필요하다.
③ 일하는 방식을 통제하지 못한다.
④ 업무량이 많다.

70~80퍼센트의 힘으로 해낼 수 있는 양과 내용

스트레스가 **높다**   스트레스가 **낮다**

울증 예비군이라고 느끼는 사람은 우울증에 걸리기 전에 일을 줄이라고 추천합니다.

'나는 일을 줄이고 싶은데, 위에서 자꾸 일을 줘서 ⋯⋯'라고 고민하는 사람도 있겠지요. 이럴 때는 어떻게 하면 좋을까요? 간단히 말해서, 하지 않으면 됩니다. 지시받아도 그대로 내버려두는 겁니다. 상사의 지시라고 해서 모든 걸 해야 하는 건 아닙니다.

그중에는 하지 않아도 크게 문제되지 않는 일들이 섞여 있으니, 그런 일을 구분하면 일을 줄일 수 있습니다. 얼마 전에 다카하시 노부오(高橋伸夫)의 《유능한 사원은 그냥 '지나친다'(できる社員は「やり過ごす」)》라는 책을 읽었습니다. 다카하시에 따르면, 유능한 사원은 상사의 명령에 순순히 100퍼센트 따르지 않고, 상사의 무리한 요구를 그냥 능숙하게 지나쳐버린다고 합니다.

위에서 내려온 지시라고 해서 모든 지시에 응할 필요는 없습니다. 중요한 일과 그렇지 않은 일을 구분하면 업무량을 줄일 수 있으니까요.

정해진 리듬으로
생활한다

여러분은 거의 매일 같은 리듬으로 규칙적으로 생활하고 있나요? 아침에 일어나는 시간, 일을 마치는 시간, 목욕하는 시간, 취침 시간 등이 거의 항상 정해져 있나요?

만약 정해져 있다면 그 생활을 앞으로도 계속하세요. 왜냐하면 정해진 리듬으로 생활하는 사람이 정신적으로 강한 상태를 유지할 수 있기 때문입니다.

미국 템플대학의 루이자 실비아(Louisa Sylvia)는 조울증 환자 101명과 건강한 대학생 100명을 약 4개월 간격으로 세 차례 조사했습니다. 그 결과, 생활 리듬이 고정된 사람일수록 우울해하지 않는다는 사실을 밝혀냈습니다.

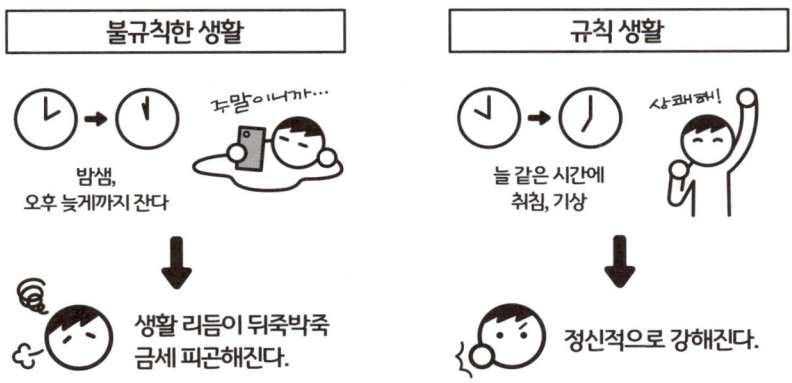

생활 리듬을 일정하게 유지한다

불규칙한 생활	규칙 생활

불규칙한 생활

밤샘,
오후 늦게까지 잔다

주말이니까…

⬇

생활 리듬이 뒤죽박죽
금세 피곤해진다.

규칙 생활

늘 같은 시간에
취침, 기상

상쾌해!

⬇

정신적으로 강해진다.

대체로 같은 생활을 하는 것은 정신 건강을 지키기 위한 필요조건입니다. 퇴근 시간이 들쭉날쭉하고 잠자는 시간이 제각각이면 그것만으로도 우울증 증상이 나타납니다.

또 다른 연구를 소개하겠습니다. 모로코에 있는 카사블랑카대학의 나디아 카드리(Nadia Kadri)는 무슬림이기도 한 조울증 환자 20명을 조사한 결과, 리튬 치료로 증상을 개선해도 라마단(이슬람교 금식의 달)이 되면 이중 45퍼센트의 환자가 증상 악화를 경험한다는 사실을 발견했습니다.

왜 라마단 달이 되면 증상이 악화하는 걸까요? 카드리에 따르면, 라마단이 있는 달에는 생활 리듬이 심하게 깨지기 때문이라고 합니다. 라마단 기간에는 일출부터 일몰까지 식사가 금지되는 등 생활 리듬이 크게 바뀌는데, 이에 따라 조울증 증상이 심해지는 것이라고 카드리는 지적했습니다. 이슬람 신자의 경우, 라마단이란 중요한 종교적 의식으로 생활 리듬이 깨지지만 이슬람 신자가 아니라면 매일 같은 리듬으로 생활하기 어렵지 않을 것입니다.

가능한 한 생활 리듬을 일정하게 유지하세요. 내친김에 말해두자면, 주말이라고 너무 들떠서 밤을 새우거나 아침 내내 자다 오후 늦게 일어나는 것은 좋지 않습니다. 주말이라고 흥청망청 놀면 생활 리듬이 엉망이 되어 다음 날 몹시 피곤할 테니까요.

'블루먼데이'라고 하지요. '월요병'이라고도 하는 이 증상은 주초를 우울하게 느끼는 상태입니다. 졸리기도 하고 몹시 피곤하기도 하지요. 업무에서 해방된 주말이라 해도 평일과 같은 시간에 일어나서 같은 시간에 식사하고 같은 시간에 취침해야 합니다. 그래야 피곤하지 않습니다.

미루지
않는다

♦

해야 할 일은 빨리 처리하고 빨리 끝냅시다. 꾸물거려봤자 좋을 게 하나도 없습니다. 우편물을 보내야 한다면 '내일이라도 괜찮아'가 아니라 바로 보내고, 거래처에 업무상 전화를 걸어야 한다면 지금 바로 전화를 거세요. '나중에 해야지' 하고 미루지 말고, 어쨌건 언제나 신속하게 행동하는 자세가 중요합니다.

'매일 그렇게 부산하게 생활하면 스트레스를 받지 않을까?' 라고 생각하는 사람이 있을지도 모르지만, 그 반대입니다.

위스콘신대학의 토드 잭슨(Todd Jackson)의 연구에 따르면, 스트레스를 잘 받는 사람은 무엇이든 미루고 시간을 끄는 사람이라고 합니다. 성격이 낙관적인 사람은 꾸물거리지 않습니다. 꾸물거리면 스트레스

미루기는 스트레스의 원인

| 미룬다. | 바로 한다. |

미룬다.
하기 싫다
나중에 해야지
거래처에 전화를 건다

까먹으면 안 돼
하기 싫은 마음이 지속된다. **스트레스**

바로 한다.
어서 해치우자

효련!
빠르게 기분 좋은 상태가 될 수 있다.

도 쌓입니다.

'나중에 하면 되지 않을까?'라고 생각하는 사람은 그 행동을 다 할 때까지 계속해서 해야 할 일을 잊지 않아야 합니다. 끝나지 않은 일을 계속 기억해야 하니, 정신적으로 지치고 스트레스도 쌓이는 것입니다.

무슨 일이든 잽싸게 끝내버린 사람은 이미 끝난 일에 대해 생각할 필요가 없습니다. 이미 끝난 일이라서 잊어버려도 문제가 없습니다. 끝내면 심리적으로도 편안해집니다.

꾸물거리며 하고 싶지 않은 일을 미루면 미룰수록 '아, 하기 싫다……'라는 생각이 머릿속에서 떠나지 않습니다. 이것이 마음 건강에 좋을 리 없습니다.

하고 싶지 않은 일이라도 결국 해야 한다면 빨리 해치우는 것이 최선입니다. 하기 싫은 일은 빨리 해치워야 마음이 홀가분해집니다. 오전에 하고 싶지 않은 일을 얼른 해치우면, 그날 오후 내내 기분 좋은 상태로 일할 수 있지 않을까요?

하고 싶지 않은 일을 미루면 그 일을 마칠 때까지 마음이 불편한 상태로 있어야 합니다. 하기 싫은 일일수록 빨리 해치워야 합니다. 식사도 마찬가지로 싫어하는 것은 가장 먼저 먹어버리는 편이 좋습니다. 자신이 좋아하는 음식만 남으면 천천히 맛보면서 식사를 즐길 수 있습니다.

꾸물거리는 사람은 꾸물거림으로써 스트레스가 더욱 커진다는 사실을 분명하게 인식할 필요가 있습니다. 불필요하게 스트레스를 연장하는 것보다 짧은 시간 안에 끝내는 편이 훨씬 현명하다고 생각하는데 여러분은 어떤가요?

어쨌든
'지금'에 집중하자

일을 하다가도 자기도 모르게 딴생각할 때가 있지 않나요? 반대로 집에서 느긋하게 텔레비전을 보면서 내일 할 일을 생각할 때도 있지 않나요?

이런 사람들은 스트레스를 받기 쉬우니 조심해야 합니다. 스트레스를 잘 받지 않는 사람은 어떤 일을 하든 한 가지 일에 집중합니다. 현재 하는 일에만 집중하며 다른 일은 생각하지 않습니다.

하버드대학의 매튜 킬링스워스(Matthew Killingsworth)는 2,250명에게 하루 중 무작위로 전화를 걸어 '지금 하는 일이 아닌 딴생각을 하고 있습니까?'라고 질문을 던졌습니다. 그러자 피실험자 중 46.9퍼센트가 '그렇다'라고 대답했습니다. 아무래도 우리는 다른 일에 마음을 쉽게 빼

한 가지 일에만 집중한다

뭔가를 하면서 딴 생각을 한다.

스트레스를 받는다.

눈앞에 놓인 일에 집중한다.

스트레스를 받지 않는다.

앗기는 것 같습니다.

게다가 킬링스워스에 따르면, 정신이 산만한 사람일수록 행복을 잘 느끼지 못한다고 합니다. '지금, 여기'에 집중하는 것이 행복의 비결이다, 이것이 킬링스워스의 결론입니다. 뭔가를 하고 있을 때는 다른 생각을 하지 말고 머리를 비우고 집중하세요.

아침 식사할 때는 식사에 집중하고, 양치질할 때는 양치질에 집중하고, 샤워할 때는 온몸에 물방울이 떨어지는 감각에 집중하세요. 그리고 이불에 들어가면 아무 생각 없이 잠자리에 듭시다. 이런 생활을 하면 조금씩이지만 스트레스도 느끼지 않게 될 것입니다.

'지금, 여기'에 집중하는 건 아주 간단해 보이지만, 막상 해보면 매우 어렵습니다. 우리의 마음은 늘 들떠 있고 잡념으로 가득 차 있습니다. 단, '지금, 여기'에 집중하는 훈련을 하다 보면, 딴생각하기 어려워지는 것도 사실입니다.

산책을 꾸준히 하면, 얼굴에 스치는 바람의 감촉이나 희미한 나무 냄새도 알게 될 테니 포기하지 말고 훈련을 계속합시다. 요즘 유행하는 '마인드풀니스(mindfulness)'란 마음 훈련도 결국 '지금, 여기'에 집중하는 방법에 지나지 않습니다. 꼭 해보기 바랍니다.

잠자기 전에 스마트폰을 사용하면
안 되는 이유

◆

잠들기 30분에서 1시간 전에는 스마트폰을 보지 맙시다. 태블릿 PC로 책을 읽는 것도 좋지 않습니다. 자기 전에 책을 읽고 싶다면 종이책으로 읽읍시다.

하버드 의학전문대학원의 앤 마리 챙(Anne-Marie Chang)은 잠자리에 들기 전 스마트폰이나 태블릿 등의 발광 화면을 보면 보지 않는 사람에 비해 잠이 잘 오지 않아서 잠들기까지 오랜 시간이 걸린다고 강조합니다. 챙은 잠들기 전에 스마트폰 화면을 보면 멜라토닌 분비가 줄어들어 잠을 제대로 자지 못하고, 다음 날에는 주의력도 떨어진다는 사실을 알아냈습니다.

자기 전에 조용히 책을 읽는 건 숙면에 도움을 줄 수 있지만, 어디

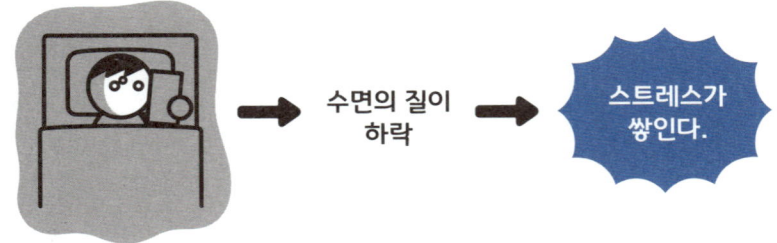

잠들기 전에는 스마트폰을 보지 않는다

잠들기 직전에 스마트폰 보기

수면의 질이
하락

스트레스가
쌓인다.

까지나 종이책에 해당합니다. 태블릿이나 전자책 단말기로 책을 읽는
건 추천하지 않습니다. 단말기에서 나오는 불빛에 잠이 달아나서 잠을
자지 못하게 됩니다. 잠들기 몇 시간 전이라면 전자책 단말기로 독서
해도 상관없지만, 본격적으로 잠을 청할 때는 피하는 편이 좋습니다.

자기 전에 스마트폰을 보면 수면의 질이 나빠집니다. 수면의 질이
나빠질수록 스트레스도 쌓입니다.

빙햄턴에 있는 뉴욕 주립대학교의 제이컵 노타(Jacob Nota)는 전전긍
긍 고민하고 걱정하는 것과 수면 시간 사이에 밀접한 관계가 있다는 사
실을 발견했습니다. 수면 시간이 짧은 사람일수록 고민을 많이 했습니
다. 정확히 8시간을 자는 사람과 6시간밖에 못자는 사람을 비교하니, 8
시간을 자는 사람의 심리적 건강도가 월등히 높았습니다.

세상에는 '서너 시간만 자도 괜찮다'고 말하는 사람이 있지만, 대부분은 그렇지 않습니다.

잠을 푹 자면 몸과 마음의 피로가 풀립니다. 잠들기 전에 스마트폰 화면의 불빛을 보면 아무래도 잠을 옅게 자서 피로가 완전히 풀리지 않습니다. 잠을 푹 잤는데도 아침에 일어났을 때 '왠지 몸이 찌뿌드드하다'라고 느낀다면, 잠들기 전에 스마트폰을 보는 것이 원인일지도 모릅니다.

스포츠 경기를
너무 많이 보지 않는다

독자 여러분은 선호하는 스포츠팀이나 운동선수가 있나요? 아니면 스포츠 경기를 자주 보러 가나요? 야구든 축구든 프로레슬링이든 팬들은 응원하는 팀이 이기면 크게 기뻐하고 지면 크게 실망합니다.

응원하는 팀이나 선수가 지면 어깨를 축 늘어트리고 실의에 빠지고 반대로 응원하는 팀이 이기면 행복한 기분에 젖어 들지만. 문제는 졌을 때지요. 내가 좋아하는 팀이 져도 크게 신경 쓰지 않는 사람이라면 괜찮을지 모르겠지만 열광적인 팬이라면 그렇게 무덤덤하기가 쉽지 않습니다.

버밍엄대학의 더글러스 캐럴(Douglas Carroll)은 1998년 잉글랜드 월드컵 이후, 축구 팬들의 급성심근경색이 증가했는지를 조사했습니다. 그 결과, 놀랍게도 1998년 7월 30일에 승부차기로 숙적 아르헨티나전에서 패한 당일과 다음날까지 급성심근경색에 걸린 사람의 비율이 평소보다 25~30퍼센트 증가한 것으로 나타났습니다.

왜 급성심근경색 비율이 증가한 걸까요? 말할 필요도 없이, 응원하는 자국 대표팀이 졌기 때문입니다. 자신이 사랑하는 팀이 졌다는 사실이 강렬한 스트레스를 일으켜서 심장에 부담을 준 것입니다.

저녁 시간, 야구 중계를 즐기는 사람이 많을 것입니다. 더운 여름날 맥주를 마시며 좋아하는 팀을 응원하는 걸로 스트레스를 해소하는 사람이 적지 않습니다. 스포츠 경기를 관람하는 건 상관없습니다. 다만 응원하는 팀이 지더라도 안달복달하지 맙시다. 자칫하다 급성심근경색이 일어날지도 모르니까요.

좋아하는 팀이나 선수가 졌을 때는 '그런 날도 있지'라고 가볍게 넘기세요. 마치 자기가 진 것처럼 억울해하면 심장에 상상 이상의 부담을 주게 됩니다.

특히 우승팀과 상대 팀이 막상막하의 경기를 펼칠 때는 더욱 조심해야 합니다. 그런 시합을 보면 팬들은 열광하겠지만, 경기 내내 심장이 두근거리고 혈압도 오를 테니까요. 그런 상황에서 팀이 지기라도 하면 심장에 엄청난 스트레스가 가해집니다. 스포츠 경기에 열광하는 것도 적당히 수위를 조절하지 않으면 목숨이 위태로울 수 있으니 조심하기 바랍니다.

성선설을
믿으며 산다

◆

세상에는 나쁜 사람만 가득하다는 생각은 '성악설'에 기반합니다. 반대로 세상에는 좋은 사람이 넘쳐난다는 생각은 '성선설'에 기반합니다. 어느 쪽이 더 살기 편할까요? 저는 성선설에 힘을 실어주고 싶습니다.

사람을 보고 나쁜 사람이라고 생각하면 피곤합니다. 상대가 무슨 말을 해도 믿을 수 없고, 속지 않으려고 온종일 긴장하고 있어야 합니다. 설령 나에게 친절하게 대해준다 해도 '뭔가 꿍꿍이가 있는 게 아닐까?' 하고 의심하면 마음이 편치 않습니다. 다른 사람에게 불쾌한 일을 당하더라도 기본적으로는 성선설을 믿는 편이 좋습니다.

원래 사람은 선천적으로 배려심이 있고, 타인에게 친절을 베푸는

'좋은 사람만 있다'고 생각해야 살기 편하다

성악설을 믿으며 산다.

온통 싫은 사람들뿐이야…

항상 마음이 편치 않아서 피곤하다.

스트레스 높다

성선설을 믿으며 산다.

좋은 사람만 있구나…

마음 편하게 살 수 있다.

스트레스 낮다

마음을 갖고 있다는 것도 과학적으로 밝혀졌습니다.

독일 막스플랑크 연구소의 펠릭스 바르네켄(Felix Warneken) 박사는 14개월 된 아기 24명(남자 10명, 여자 14명)을 대상으로 실험을 진행했습니다. 아기를 대상으로 한 실험이기에 별로 복잡하지 않습니다. 실험자들은 빨래집게를 떨어뜨리고 손이 닿지 않는 척했을 때, 그 모습을 본 아기가 줍는 걸 도와주는지 관찰했습니다.

바르네켄은 빨래집게만이 아니라 색연필이나 공 등을 아기가 보는 앞에서 떨어뜨리고 그걸 주워주는지도 측정했는데, 24명 중 18명의 아기가 적어도 한 번은 실험자를 도와주려고 했습니다. 어려움을 겪고 있는 사람을 도와주려는 마음은 작은 아기에게도 있습니다. 본래 사람은 친절한 마음을 가지고 태어납니다. 성선설이 맞습니다.

이 실험에서는 빨래집게나 공을 주워서 가지고 노는 아기는 거의 없었고, 반드시 실험자에게 가져다주었습니다. 인간은 선의를 선천적으로 가지고 있으므로 다른 사람을 의심하지 않는 게 좋습니다. 의심하면 자기 자신만 지칠 뿐입니다.

가령, 오랜 거래처에서 일을 거절해도 뭔가 섭섭한 게 있지 않은지 신경 쓰지 않아도 됩니다. 내가 뭘 잘못했나 고민할 필요도 없습니다. 여러 가지 사정이 있어 이번에는 일을 거절했을지도 모르니까요. 언젠가 기회가 되면 다시 일을 달라고 하면 됩니다.

성악설을 믿는 사람은 어려운 일이 있을 때 남에게 의지하지 못합니다. '어차피 도와주지 않을 거야'라고 생각해서 도와달라고 솔직하게 말하지도 못합니다. 그런 생활을 하다 보면 스트레스가 쌓일 수 있으니 주의해야 합니다. 자신을 위해서라도 성선설을 믿으며 살아보면 어떨까요.

움직일 수 있는 동안에는
계속 일한다

고령화라는 사회적 문제가 심화하며 은퇴 후에도 일하는 시니어들이 늘고 있습니다. '그렇게 오래 일하고 싶지 않아'라고 생각하는 사람도 있겠지만, 몸이 움직이는 동안은 계속 일하는 편이 좋습니다. 일을 하면 생활에 리듬이 생기고, 생활에 리듬이 있어야 즐겁게 살 수 있습니다.

프랑스 보르도대학의 캐럴 뒤푸일(Carole Dufouil) 박사는 은퇴자 약 43만 명을 대상으로 연구한 결과, 일하는 기간이 1년 늘어날 때마다 치매에 걸릴 위험이 3.2퍼센트씩 감소한다는 사실을 발견했습니다. 일하면 좋은 자극을 받기에 치매 예방에도 도움이 됩니다. 또한 적지 않은 돈을 벌 수 있고, 몸과 마음의 건강도 지킬 수 있는데 일하지 않을 이유가 없습니다.

은퇴해서 하고 싶은 일을 하는 사람도 있겠지만, 1년 내내 여행만 다닐 수도 없는 노릇이고, 아마 그렇게 다니면 여행에 싫증이 날 것입니다. 그렇다고 집에 틀어박혀 있으면 어떤 자극도 없고 지루하겠지요.

생활에 리듬을 주는 데는 일이 제격입니다. 매일 정해진 시간에 일어나 옷을 차려입으면 마음도 젊음을 유지할 수 있습니다. 게다가 직장에는 다양한 사람들이 있어 사람들과 이야기하는 것도 스트레스 해소에 도움이 됩니다. 집에서는 그렇게 할 수 없습니다. 계속 똑같이 일할 수는 없겠지만, 일주일에 이틀이나 사흘 정도는 일하는 게 좋습니다. 정규직 사원으로 채용되기 어렵다면 아르바이트라를 하면 좋겠지요.

아무 변화 없는 일상을 보내면 기분도 좋아지지 않습니다. 황금연휴나 여름휴가가 즐거운 이유는 그날이 기껏해야 며칠밖에 안 되기 때문입니다. 일하다 보면 생활에 탄력이 생겨 일상의 지루함을 잊을 수 있습니다.

조만간 정년 연령이 높아져 70세까지 일할 수 있게 될지 모릅니다. 70세까지만 일하겠다는 등 상한선을 정하지 말고 움직일 수 있는 동안은 계속해서 일하는 것이 좋습니다.

바닷가에서
산다

심리치료 중에 '전지요법'이란 치료법이 있습니다. 극심한 기분 저하나 우울증 등으로 고민하는 사람도 기후가 다른 곳에서 생활하다 보면 다양한 정신적 질병이 완전히 치유되기도 합니다. 거주지를 바꾼다고 해서 '전지(轉地)'란 말이 붙은 것입니다.

만약 지금 이사를 생각하고 있다면 바다 옆이 좋을지도 모릅니다. 왜냐하면 바다 옆에 사는 사람이 마음의 병에 잘 걸리지 않는다는 사실이 밝혀졌기 때문입니다.

영국 데번주에 있는 엑서터대학 의과대학의 매튜 화이트(Mathew White)는 장기간의 패널 조사를 통해 바다 근처에 사는 사람이 정신적으로 건강하고 고민이 거의 없다는 사실을 밝혀냈습니다.

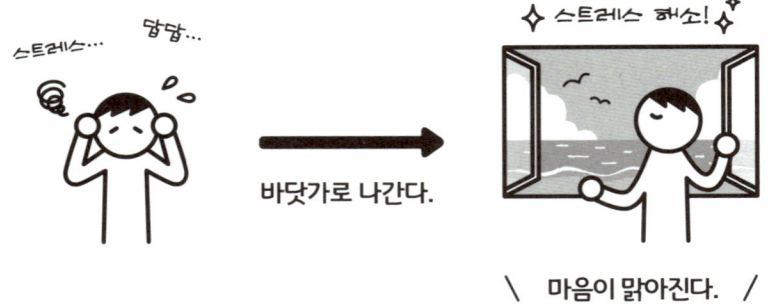

바다 옆에서 스트레스 해소

스트레스…

답답…

바닷가로 나간다.

스트레스 해소!

마음이 맑아진다.

오키나와에는 장수하는 사람이 많다고 합니다. 오키나와는 일 년 내내 기후가 온화하다든가, 그 외에도 여러 가지 이유가 있겠지만 바다가 가까이 있다는 것이 큰 이유인지도 모릅니다. 바다가 옆에 있어 평범한 생활을 해도 스트레스가 해소되고, 자연히 오래 살 수 있는 게 아닐까요?

거주지를 옮길 생각이 있다면 '바다 옆'을 추가해보는 게 어떨까요. 신체적으로도 정신적으로도 건강할 수 있습니다. 바닷가 근처에 살지 않는 사람도 바다 근처에 가면 마음이 맑아집니다. 여행을 하려면 바다 근처가 좋고, 호텔을 고를 때도 바다 근처에 있는 곳을 추천합니다.

여행을 자주 가지 못하더라도 마음이 우울해지거나 의욕이 나지 않을 때는 1년에 몇 번쯤 여행을 떠나 스트레스를 해소하세요.

감사하게도 일본은 섬나라라서 설령 바다가 없는 곳에 살고 있어도 자동차로 2~3시간 정도만 달리면 어디든 가까운 바닷가에 갈 수 있습니다. 일본인들은 그런 면에서 아주 운이 좋습니다.

바다에 가기 어렵다면 파도 소리가 들리는 테이프를 듣거나 바다가 나오는 동영상을 보는 걸로 어느 정도 스트레스를 해소할 수 있습니다. 본인에게 효과적인 방법을 찾아 이것저것 시도해보세요.

자연이 풍요로운 곳에서
산다

◆

바다 이야기를 했으니 산 이야기도 해봅시다. 바다 근처에 사는 사람은 정신적으로 건강하다고 말했습니다. 그러면 산은 안 될까요? 물론 괜찮습니다.

산에는 풍요로운 자연이 있고, 도시에서 멀리 떨어져 있어 공기도 좋습니다. 산 근처에 살아도 바다 근처에 사는 사람만큼이나 스트레스를 줄일 수 있습니다. 산 근처에는 자연의 정화 작용이 활발하여 대기 오염도 별로 없고, 그런 장소는 우리의 마음을 치유해줍니다.

영국 서식스대학의 조지 매케론(George MacKerron) 박사는 약 400명의 런던 시민을 대상으로 조사한 결과, 사는 곳의 대기 오염 정도와 삶의 만족도 사이에 큰 상관관계가 있는 것을 밝혀냈습니다.

매케론에 따르면 대기 오염 지표인 이산화질소의 연간 평균 농도가 $10ug/m^3$ 늘어날 때마다 삶의 만족도가 11점 만점에서 0.5점씩 줄어든다고 합니다.

산에 가면 자연스레 마음이 들뜹니다. 풍경이 아름답기 때문일까요, 아니면 대기 오염이 없기 때문일까요? 산에 캠핑을 가면 잘 모르는 캠퍼들과도 비교적 편하게 수다를 떨 수 있습니다. 등산하는 사람들도 서로 자연스럽게 인사를 주고받습니다.

마음이 행복하고 안정되니 서로 알지 못해도 경계심 없이 인사할 수 있는 거죠. 도시 생활에 심신이 지쳐 시골에서 살고자 하는 사람이 늘고 있다는 이야기를 들었는데, 시골 생활은 심리학적 측면에서도 정답입니다. 자연이 풍요로운 곳은 맑은 공기를 자랑하기에 스트레스를 받기 어렵습니다.

평일에는 도시에서 살다가 주말에는 시골로 나가는 사람도 적지 않을 텐데, 그것도 정답입니다. 주말에 자연이 많은 곳에서 충분히 쉬고 나면 '자, 내일부터 다시 힘내자!' 의욕과 활력이 생깁니다. 결국 바다든 산이든 자연에서는 스트레스를 발산할 수 있으니, 그런 장소로 가끔 외출하는 습관을 들이면 좋겠지요.

나이가 들면 시골에서 살아야겠다고 생각하는 사람도 있지만, 나이가 들기를 기다리지 말고 당장 이번 주말부터 시골로 떠나세요. 몸과 마음에 좋은 일은 망설이지 말고 바로 실행하세요.

신앙을
갖는다

일본인은 서양인과 비교해서 신앙심이 깊지 않다고 알려져 있습니다. 통계에 따르면, 대략 60퍼센트 이상의 일본인이 자신을 무교라고 생각한다고 합니다. 하지만 하느님이든 부처님이든 상관없이 신앙심을 갖는 편이 좋을지도 모릅니다. '나는 신의 보호를 받고 있다'고 믿으면, 스트레스도 잘 받지 않고 고민거리도 줄어듭니다.

뉴욕 예시바대학의 엘리에저 슈날(Eliezer Schnall)은 약 8년 동안 9만 명이 넘는 여성을 추적 조사한 결과, 교회에 자주 나가거나 종교적인 의식을 거행하는 사람일수록 마음에 평화를 느끼고 사망 확률을 줄일 수 있다는 사실을 발견했습니다. 종교를 갖는 것은 마음 건강에 도움이 됩니다.

신앙심을 갖는다

교회나 절에서 참배	지장보살에게 합장한다.

늘 감사합니다.

↓

스트레스를 잘 받지 않는다.

종교란 마음의 안녕을 바라며 생겨난 것이라서 신앙심이 있는 사람일수록 마음에 여유가 있는 것도 당연하다면 당연한 일입니다. 특정 종교단체에 들어가지 않아도 상관없지만, 예를 들어 성당이나 절을 발견하면 꼭 참배하고, 거리에서 작은 지장보살을 발견하면 손을 모으고 합장합시다.

그렇게 하다 보면 마음이 맑아지고 스트레스도 받지 않는 체질이 됩니다. 야나기 류헤이(八木龍平)가 지은 《성공한 사람은 왜 신사에 가는가?(成功している人は、なぜ神社に行くのか?)》라는 책도 있듯이, 종교 생활을 열심히 하는 사람일수록 신앙심이 높고 스트레스도 덜 받아서 일도 잘 풀립니다.

단, 참배할 때는 '나를 도와달라'는 식으로 신에게 부탁해서는 안 됩니다. "신이시어, 늘 감사드립니다" 하고 감사만 드립시다. 너무 **뻔뻔**한 부탁만 하면 하느님도 곤란해지니까요.

독자 여러분 중에 아마도 신은 존재하지 않는다고 생각하는 분이 있을지도 모릅니다. 하지만 '신이 어딘가에 있고, 자신을 언제나 지켜보고 있을 것이다'라고 생각하면, 마음이 미혹할 일이 없어지므로 역시 신이 있다고 생각하는 편이 좋을지 모릅니다.

슈날이 밝혔듯이, 신앙심이 있는 사람은 심장병이나 암을 비롯해 모든 질병으로 인한 사망의 위험을 줄일 수 있습니다. 그것만으로도 신을 믿는 것은 유익하다고 할 수 있습니다.

경외 체험을
한다

별이 빛나는 밤하늘을 올려다보거나 커다란 폭포 앞에 서면, 소름이 돋을 정도로 감동이 밀려 옵니다. 이런 체험을 '경외 체험(Awe Experience)'이라고 합니다.

누구나 인생에서 몇 번쯤은 이런 경험을 하겠지만, 정신적으로 약해졌다고 느낄 때, 경외 체험을 꼭 해봅시다. 마음이 떨리는 감동적 체험을 하면 기분이 긍정적으로 변합니다.

스탠퍼드대학의 멜라니 러드(Melanie Rudd)는 실험 참가자들을 두 집단으로 나누고 한 집단에는 '에펠탑에 올라가 파리의 거리 풍경을 내려다보는' 장면을, 다른 집단에는 '모르는 탑에 올라가 평범한 풍경을 바라보는' 장면을 상상하게 했습니다. 첫 번째 그룹에 경외 체험을 느끼

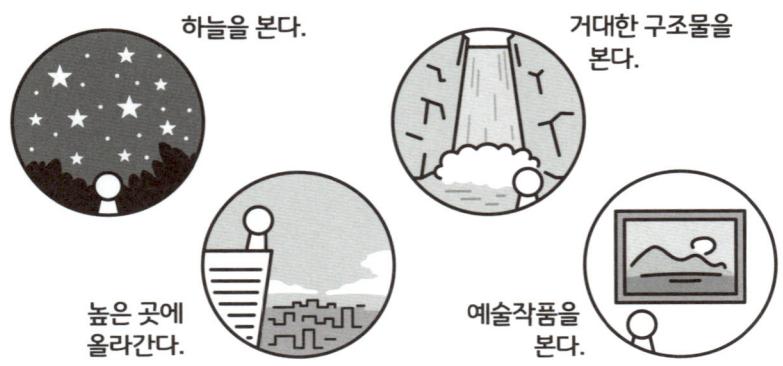

경외 체험

하늘을 본다.

거대한 구조물을 본다.

높은 곳에 올라간다.

예술작품을 본다.

게 하는 조건이었습니다. 그리고 두 집단 모두에게 삶의 만족도를 물었더니 경외 체험을 한 그룹이 삶의 만족도가 더 높았습니다.

경외 체험을 경험하면 마음이 풍요로워지고 모든 것에 만족할 수 있게 됩니다. 우울한 기분이 나아지지 않아 고민이라면 경외 체험을 해보라고 꼭 추천하고 싶습니다. 가장 쉬운 방법은 근처에 있는 가장 높은 곳에 올라가는 것입니다. 산꼭대기나 큰 건물 옥상에서 아래를 내려다보면 별거 아닌 일로 고민하는 자신이 바보처럼 느껴집니다.

거대한 불상이나 장대한 규모의 교회 구조물을 보는 것도 역시나 마음을 떨리게 합니다. 가끔은 그런 경외 체험을 해보기 바랍니다.

어딘가에 나가기가 귀찮은 사람은 하늘을 올려다보세요. 특히 밤하늘을 추천합니다. 밤하늘을 올려다보면 나란 존재가 정말로 하찮게 느껴지고, 우주에 삼켜지는 듯한 이상한 감각을 느낄 수 있습니다. 별빛은 수천 년, 수만 년에 걸쳐 지구에 도달하는데, 그렇게 생각하면 지금 하는 고민, 문제가 아주 작게 느껴질 것입니다.

그림이나 예술 작품을 통해서도 경외 체험을 할 수 있습니다. 위대한 예술 작품은 보는 사람의 마음을 움직이게 하므로, 미술관에 가는 것도 좋은 스트레스 해소법입니다. 평소 미술관에 잘 가지 않는 사람이라도 가끔 미술관을 둘러보면 좋겠지요. 속는 셈 치고 한번 가보세요. 마음이 상쾌해지는 것을 체감할 수 있습니다.

무심해지는 방법을
찾는다

♦

"난 ○○만 하면 마음이 바로 맑아진다."

"난 ○○하면 기분이 한결 후련해진다."

"난 ○○로 금세 행복해질 수 있어."

스트레스를 받지 않는 사람은 자신의 기분이 어떻게 고양되는지 잘 알고 있습니다. 나름대로 방법을 정해놓았기에 스트레스를 받지 않고 생활할 수 있습니다.

무슨 일이든 좋으니 어떻게 하면 기분 전환을 할 수 있을지 일단 정해둡시다. 좋아하는 일이면 뭐든 상관없습니다. 그걸 하는 동안에는 아무 생각 없이 무심할 수 있는 일이면 좋겠지요.

뜨개질이든, 풋살이든, 설거지든, 방 청소든, 스마트폰 앱 게임이든 뭐든 상관없습니다. 참고로 저는 손톱을 깎을 때 머리가 텅 비어서 화가 나면 손톱을 깎습니다.

또 한 가지 마음을 비울 수 있는 일이 있는데, 바로 풀을 뽑는 일입니다. 정원의 잡초를 발견하고 뽑을 때는 딴생각을 하지 않습니다. 풀을 뽑는 것은 편리한 스트레스 해소법입니다. 게다가 잡초를 뽑으면 정원도 깨끗해져서 상쾌함을 느낄 수 있습니다.

미국 펜실베이니아주에 있는 메리우드대학의 케리 리처즈(Kerry Richards)는 정신 건강 관련 업무에 종사하는 148명(평균 42.38세)에게 스트레스를 어떻게 해소하는지 물었습니다. 정신 건강과 관련된 일을 하는 사람은 다른 사람의 스트레스 해소에 도움을 주지만, 정작 본인은 스트레스를 많이 받습니다. 그래서 자기 관리를 통해 스트레스를 해소해야 합니다.

그러면 그들은 스트레스를 어떻게 처리할까요? 일단 자신의 기분을 좋게 하는 활동을 정해놓은 것을 알 수 있었습니다. 그렇게 해서 그들은 심리적 건강을 유지했던 것입니다.

"저는 특별히 취미가 없습니다."
"뭘 해야 할지 잘 모르겠어요."

이렇게 말하는 사람일수록 마음의 병이 생기기 쉬우니 조심하세요.

머리를 텅 비게 할 수 있는 행동을 찾는다

무심해질 수 있는 것 = 스트레스 해소법

기분을 바꾸는 방법을 알지 못하면 스트레스를 처리할 수 없으니까요. 자신의 생활을 되돌아보면, 예를 들어 '다림질하고 있을 때는 딴생각을 하지 않는다' 같이 무심해질 수 있는 활동을 찾을 수 있을 겁니다. 그 활동을 자기만의 스트레스 해소법으로 삼아봅시다.

"인간의 일생은 무거운 짐을 짊어지고 먼 길을 가는 것과 같다."

도쿠가와 이에야스의 유언은 정말 맞는 말이라고 생각합니다.

평생 편하게 살 수는 없습니다. 누구나 스트레스란 무거운 짐을 짊어지고 고민하고 괴로워하며 인생을 살아갑니다. 남들이 보기에는 부러울 정도로 화려한 인생을 사는 사람도 내면에는 갖가지 고뇌를 안고 있습니다. 본인만 아는 괴로움이 분명히 있을 것입니다.

그런 우리에게 필요한 것은 무엇일까요? 바로 스트레스와 잘 어울리는 방법입니다. 스트레스를 완전히 없앨 수는 없겠지만, 잘 사귀어 나가는 요령만 알면 스트레스는 전혀 무섭지 않습니다. 확실한 치료법이 있는 병이 무섭지 않은 것과 마찬가지입니다.

스트레스 관련한 방대한 지식이 과학적으로 밝혀지고 있습니다. 이 책에서 그 지식의 정수를 간추려서 소개했습니다. 자화자찬하면 비웃음을 살지도 모르지만, 이 책을 제대로만 읽으면 다른 스트레스 관련 책을 읽지 않아도 될 만큼 충분한 지식을 얻을 수 있습니다.

이 책에서 소개한 다양한 스트레스 대처법을 읽으며 '과연 이렇게 하면 되는 건가!' 싶은 방법을 한두 가지라도 발견하지 않았을까 생각합니다. 당장 내일부터 몇 가지 방법을 시도해보세요. 마음이 개운해지고 자신 있게 '먼 길'을 갈 수 있습니다.

약도 그렇습니다만, 어떤 약이 자신에게 가장 효과가 있는지는 실제로 먹어 보지 않으면 알 수 없습니다. 스트레스 대처법에 대해서도, 어떤 사람에게는 극적으로 효과가 있는 게 어떤 사람에게는 효과가 없을 때도 있습니다. 스스로 시험해보지 않으면 잘 모릅니다.

할 수 있을 것 같은 방법을 골라서 닥치는 대로 시도해보면 반드시 자신에게 딱 맞는 방법을 찾을 수 있습니다. 한번 시도해보고 효과가 없었다며 바로 포기하지 말고 '자, 다음' 하고 다른 방법에도 도전해보세요.

마지막으로, 독자 여러분께 감사의 인사를 드립니다. 끝까지 함께해주셔서 작가로서 기쁘기 한량없습니다. 현대사회는 스트레스 사회입니다. 앞으로도 계속 고생하겠지만, 스트레스에 지지 말고 건강하고 유쾌하게 살아갑시다!

옮긴이 전경아

중앙대학교를 졸업하고, 번역 에이전시 엔터스코리아 출판기획 및 일본어 전문 번역가로 활동하고 있다. 《어른의 생각법》, 《지금이 생의 마지막이라면》, 《미움받을 용기》, 《30분 철학》 《나는 엄마가 힘들다》, 《아무것도 하지 않으면 아무 일도 일어나지 않는다》 등 수많은 책을 우리말로 옮겼다.

스트레스 트레이닝

초판 1쇄 발행 2025 년 11월 30일
초판 1쇄 인쇄 2025 년 11월 25일

지은이 나이토 요시히토 | **옮긴이** 전경아 | **펴낸이** 박경준 | **펴낸곳** 미래타임즈
편집 박은영 | **본문디자인** 김보영 | **표지디자인** 김민영 | **홍보** 김선영

주소 경기도 고양시 일산동구 장진천길 22-71
전화 031-975-4353
팩스 031-975-4354
이메일 thanks@miraetimes.com
출판등록 2001년 7월 2일 (제2020-000209호)

ISBN 978-89-6578-194-3 (03190)